NHK BOOKS
1249

「明治」という国家［新装版］

shiba ryotaro
司馬遼太郎

NHK出版

目次

編集協力　五十嵐広美
校　　閲　山本則子
Ｄ Ｔ Ｐ　㈱ノムラ

第一章

ブロードウェイの行進

さて、これから十何回かにわたって、「明治」という国家のおはなしをします。喜んでこれをやろうというわけじゃないんです。ただ、私は、ずいぶん幕末から明治にかけての時代を、小説として書いてきました。ほぼおわって、――というのは、そういう年齢になったということです――もう明治について書かないだろう、そういうときにあたって、自分が得た「明治国家」の像をお伝えするのは、自分の義務ではないか。たれから与えられた義務でもありませんから、ちょっと滑稽なのですが。ついでながら、明治は、近代日本語をつくりあげた時代でもありました。たとえば、いま私が申しあげた、

「義務」

あるいは権利。この二つのことばも、明治国家が翻訳してくれた言語遺産です。手放していう

わけではありませんが、明治は多くの欠点をもちつつ、偉大としかいいようがない。

ちょっと、愚痴っぽいことを申しあげます。私は昭和十年代の後半、文科系の学生でした。国家がそれを必要としたために、私どもは学園の中から、そのまま軍隊に入りました。昭和十八年の文科系学生のいわゆる学徒出陣でした。このことを、いまふりかえって、天に感謝したい気持でいます。軍隊はむろん国家の重要な一部ですが、その一部の中にいて、当然ながら死ぬつもりでいました。軍人は死ぬための機能なんです。同時に味方による破壊音――詩的な表現としてですが――もききました。国家をたたきこわしている音でした。そのハンマーをもって駆けまわっているのは、国家が大がかりな試験でもって採用した高官たち――軍人・文官をとわず――でした。またお調子にのっている新聞人や学者や軽率な思想家も加わっていました。明治の遺産である自分の国家を自分でこわすことがあっていいものか、そうおもう気持を私に抱かせたのは、私が、戦車という鉄のかたまりの中にいたということもあるでしょう。戦車は、国家の一部です。装甲の厚さ、砲の大きさ、そして全体を数量化して考えることができるという、素朴リアリズムのかたまりです。いわば、明快な物体です。自分の物体というリアリズムを通して敵のリアリズムもわかります。

リアリズムといえば、明治は、リアリズムの時代でした。それも、透きとおった、格調の高い精神でささえられたリアリズムでした。ここでいっておきますが、高貴さをもたないリアリズム――私どもの日常の基礎なんですけれど――それは八百屋さんのリアリズムです。そういう要素も国家には必要なのですが、国家を成立させている、つまり国家を一つの建物とすれば、その基礎にあるものは、目に見えざるものです。圧搾空気といってもよろしいが、そういうものの上にのった上でのリアリズムのことです。このことは、何度目かに申しあげます。

そこへゆくと、昭和には――昭和二十年までですが――リアリズムがなかったのです。左右のイデオロギーが充満して国家や社会をふりまわしていた時代でした。どうみても明治とは、別国の観があり、べつの民族だったのではないかと思えるほどです。

右にせよ左にせよ、六十年以上もこの世に生きてきますと、イデオロギーというものにはうんざりしました。イデオロギーを、日本訳すれば、〝正義の体系〟といってよいでしょう。イデオロギーにおける正義というのは、かならずその中心の核にあたるところに「絶対のうそ」がありますキリスト教では唯一神のことを大文字で God と書きます。絶対であるところの God。絶対だから大文字であるとすれば、イデオロギーにおける正義も、絶対であるがために大文字で書かねばなりません。頭文字を大文字で Fiction と書かねばなりません。ここで、ついでながら、「絶対」というのは「在ル」とか「無イ」とかを超越したある種の観念ということです。極楽はあるか。地理的にどこにある、アフリカにあるのか、それとも火星か水星のあたりにあるのか。これは相対的な考え方です。「在ル」とか「無イ」とかを超えたものが〝絶対〟というものですが、そんなものがこの世にあるでしょうか。ありもしない絶対を、論理と修辞でもって、糸巻きのようにグルグル巻きにしたものがイデオロギー、つまり〝正義の体系〟というものです。イデオロギーは、それが過ぎ去ると、古新聞よりも無価値になります。ウソである証拠です。いま戦時中の新聞を、朝の食卓でコーヒーをのみながらやすらかに読めますか。あるいは毛沢東さんの晩年のプロレタリア文化大革命のときの人民日報をアタリマエの顔つきで読めるものではありません。ヒトラーの「わが闘争《マイン・カンプ》」を、研究以外に、平和な日曜日の読者として読めますか。すべては、時代がすぎると、古いわらじのように意味をなさなくなるものらしいですね。

昭和元年から同二十年までは、その二つの正義体系がせめぎあい、一方が勝ち、勝ったほうは負けたほうの遺伝子までとり入れ、武力と警察力、それに宣伝力で幕末の人や明治人がつくった国家をこなごなにつぶしました。

まあそんなことは、このたびの主題ではありません。

しかし、作家というものは、天の一角から空《くう》をつかんでくるようにしては話せない。すわっている座布団の下から話さねば落ちつかない。話していることも、自分の感覚でたしかに手ざわりがあることしか話せないし、話す気にもならないものです。以上は座布団の下の話です。つまり私は戦車の中で敗戦をむかえ、〝なんと真に愛国的でない、ばかな、不正真な、およそ国というものを大切にしない高官たちがいたものだろう。江戸期末や、明治国家をつくった人達は、まさかこんな連中ではなかったろう〟というのが、骨身のきしむような痛みとともにおこった思いでありました。それが、これから何を申しあげるのかわかりませんが、私の座布団の下につながる話です。

さて、このシリーズだけに通用する定義ですが、明治を語る上で、明治時代とはせずに、ことさら、

「明治国家」

とします。明治時代とすると、流動体みたいな感じになりますが、「明治国家」としますと、立体的ないわば固体のような感じがするから、話しやすいんです。そんな国家、いまの地球上にはありません。一八六八年から一九一二年まで四十四年間つづいた国家です。極東の海上に弧をえがいている日本列島の上に存在した国家でした。そのような感覚で、私は、この机の上の物体を見るような気分で語りたいと思います。

ちょっと申しあげておかねばなりませんが、私がこれからお話しすることは、明治の風俗では

なく、明治の政治のこまかいことではなく、明治の文学でもなく、つまりそういう専門的な、あるいは各論といったようなことではないんです。「明治国家」のシンというべきものです。作家の話というのは、どうも具体的です。以下、いろんな具体的な例をあげますが、それに決していちいち即したような、それにひきずられるようなことはなさいませんように。それら断片のむれから、ひとつひとつ明治国家のシンはなにかということを想像して下されば幸いなのです。

象徴ということばがあります。symbol。十九世紀の世紀末に、フランスの文壇で、象徴主義というのが流行《はや》りました。サンボリスム、シンボリズム。ボードレールに代表されます。具体的なコトやモノを示して、宇宙の秘密を感知するという大げさな表現形式です。日本には、明治末年から大正にかけて入ってきて、蒲原有明《かんばらありあけ》、北原白秋、三木露風なども象徴詩を書きました。そのために、象徴という言葉や意味、概念がむずかしくなりましたが、そんなものじゃなくて、ごく簡単なものです。割符をご存じでしょう。古代、遠くへ使者を出したりするとき、木や金属を割ってその片方を、使者のしるしとして持たせる。受けとる方は、もう片方をもっていて、合わせてみて使者が本物であることを知る。ギリシャ語で、symblonというのは、割符のことだそうですね。それが、だんだん象徴という意味につかわれるようになった。私は、いろんな事例を割符として話します。あわせるのは、聞き手としてのみなさんです。それらを合わせつづけることで、だんだん〝明治国家のシン〟という私のこのシリーズの主題を理解していってくだされば、文字どおり私のしあわせです。小説も、割符の連続なんです。作者は割符の半分、つまり五〇％しか書けないものなんです。あとの五〇％をよき読者、よき聞き手が〝こうだろう〟ということであわせて下さるわけで、それによって一つのものになるのです。

第一回目ですから、右のようにゴタクをたくさんのべました。

遣米使節の訪問を伝える絵入り新聞（楠妣庵観音寺蔵）

なんだか、ボードレールなどという、ガラにもない詩人の名前がでました。私は、詩があまりわからないんです。が、出たついでですから、ホイットマンの詩の一つをあげましょう。ニューヨーク州うまれのウォルト・ホイットマン（一八一九～九二）。日本の明治維新のときは、すでに成熟して、四十九歳でした。

かれは、日本人を詩の題材にした最初の欧米人でした。かれが日本人たちを見たのは、ニューヨークの広小路《ブロードウェイ》においてでした。

時に、万延元年（一八六〇）の春でした。ここで日本人たちというのは、幕府が派遣した日米条約批准のための使節団のことです。アメリカじゅうが、好意と好奇心でもってかれらを歓迎していました。ニューヨーク市がその歓迎のために二万ドルという大金の支出を議決していました。

正式の使節は、正使新見《しんみ》豊前守《ぶぜんのかみ》正興《まさおき》、副使村垣《むらがき》淡路守《あわじのかみ》範正《のりまさ》、それに目付《めつけ》小栗《おぐり》豊後守《ぶんごのかみ》忠順《ただまさ》でした。お供は数十人です。

「外国はえびすだ。礼というものがない」

という中国の思想が幕府を毒していました。とくに朱子学が毒でした。その害は、日本は皮膚ぐらいを侵されている程度でしたが、清朝、あるいは李氏朝鮮は、骨髄まで侵されていました。自分の文化と他の文化という問題では、毒薬のような思想でした。破滅的なばかりに自己中心的な考え方で、当然ながら外国は蔑視すべきもの、あるいは異文化などは一切みとめぬ、さらにいえば民族を自己崇拝という甘美な液体に浸《つか》らせるという思想で、要するに自分の文化以外の世界については思考まで停止しきっているといったものでした。

ここでちょっと枝道に入ります。〝中国（清朝）と朝鮮（李氏朝鮮）〟と申しあげたことについてです。この両国は同じ東アジアにありながら封建制の江戸期日本とちがい、模範的なほどの儒教的中央集権制で、官僚によって国家が運営されていました。その官僚たちは、科挙の試験という、人類史上、最もむずかしい登用試験によって採用されるのです。採用されれば、信じがたいほどの名誉と地位と富を得ます。いわば、試験採用による一代大名でした。

「それが、文明というものだ」

と、この二つの隣国の官僚たちは思っていました。

江戸期の日本もそれ以前の日本も、そういう文明ではありません。日本人たちは七、八世紀以来、儒教の書物は読んでいましたが、社会そのものが儒教という制度をもっていません。ほんの一例で申しあげますと、婚姻。婚姻は、社会の基礎です。倫理的人間関係の基礎でもあります。日本では、親戚や姻戚同士の結婚というのは、古代からごく最近まで、いわばざらにあります。こういうことは、中国・朝鮮という二十世紀初頭までの儒教国家では、絶対にありません。いまなおありません。日本にイトコ夫婦《めおと》というのがあるなどときくだけで、不快さに青ざめます。かれらは何を想像するでしょう。動物の世界を思うらしく、やはり日本は野蛮だということでありますまいか。

科挙の試験についても、両国はこれを儒教社会をささえる大脳だと思っていました。もっとも十九世紀に清国と接触したイギリスとフランスはこの制度に感心し、かれら中国の官僚のことをマンダリン（mandarin）とよび、その制度のいい所を採って、自国の官僚の採用にも試験制度をつくりだします。

しかし現実の中国・朝鮮の科挙の試験は、まったくのところ、神学的なものでした。受験生は朱子学という神学から、一歩も出てはいけない。神学をドグマといいかえてもいいんです。ドグマを丸暗記する、ドグマに沿ったあらゆる古典を丸暗記する、その上で、うまい作文を書きます。その作文にまで型があって（八股文《はっこ》といいます）その型のとおりに書かなければいけない。こんなことがやれる人はよっぽど頭がいいわけですが、私などはすこしもうらやましいとは思わない。そういう頭脳は、人類の遺産をつくりだせるような類いの頭脳ではありません。まことに中国も朝鮮も、むだなことをやりつづけてきたものだと思います。

とはいえ、李氏朝鮮などは、精密な儒教国家だったものですから、江戸期日本を野蛮国だと思いこんでいました。もっとも儒教では――とくに朱子学では――他国はみなケモノのような野蛮国なんですけれど。

『海游録』（平凡社・東洋文庫。姜在彦訳）という本があります。申維翰という十八世紀初頭の科挙合格者の著作です。日本の将軍吉宗の時代には、通信使として日本にきて、右の題の見聞録を書いています。なにしろ朱子学というイデオロギーのかたまりのような人ですから、日本人を、人間とは思わず、一段ひくい人間とみています。日本の民衆も然り、高位の者も、「人に似たる者がない。」（二〇三頁）

イデオロギーというのは、一般的にはドグマを核として、人間や社会のなかから正と邪、善と悪を選別する体系のことです。朱子学もまたそうです。その価値体系からみれば、日本人は人ではない。人に似もしていない。といって『海游録』は奇書ではありません。朱子学的にみれば、きわめて標準的な思想をもった人の著作です。

私の話は、枝道に入りすぎているようですな。じつをいうと、ニューヨークのブロードウェイを行進している幕府の三人の使者とその従者たちを語ろうとして、わきにそれたのです。

わざとそれたのです。

かれらブロードウェイの日本人たちは何者なのか、ということを、文明史的に見たいと思ったのです。つまり、中国・朝鮮のような純度一〇〇%儒教の国からきたのではない。せいぜい、儒教度二〇%で、あと八〇%は、武士道とよばれる、体系化されざる社会学的な美学、あるいは美学的な倫理の国からきたのです。

かれら三人は国家を代表する者たちで、当然高官だが、試験によって採用された者ではない。『海游録』の中で、申維翰はこのようにいっています。


官は大小にかかわらずみな世襲である。奇材俊物が世に出て自鳴することのできない所以である。民間人のなかで恨みを抱きながら世を去るもの、多くはこのたぐいである。

（姜在彦訳、二四六頁）

つまり、封建制ということですね。世襲制。しかし中維翰はもっとくわしく見るべきだったでしょう、学問、芸術、医術、武術に秀でた者は、たとえ百姓の出であっても、幕府であると諸藩であるとを問わず、相当な身分に登用されるという特例つきの封建制であることです。たとえば中維翰たちを接待した対馬藩の儒者雨森芳州もまたそういう出自の人で、こういう採用法により抜きん出られた人は、全国的にみればおそらく朝鮮の科挙試験合格者よりも多かったかもしれない。ただ一朝にして貴族になるという奇跡はない。又、支配階級・被支配階級をとわず、養子制度というのがあって、比較的ひくい家から俊才をえらんで当主にするということが、武家にも町人の家にもありました。げんに、中維翰が江戸城で対面した将軍吉宗は、幕府中興の祖といわれていますが、他家から入った人です。

中維翰の朝鮮とくらべて、江戸日本の重要な特徴は、日本が圧倒的な商品経済（貨幣経済）の沸騰の中にあったということです。農村の商品生産者たる富農層、問屋制によってステロタイプに等質に高い商品をつくりだす町人層、それらを日本列島のすみずみまで流通させる海運業者という三つの大きな柱は、その面だけからみれば、町人つまりブルジョワジーの革命であるフランス革命が江戸日本にいつおこってもふしぎがないほどでした。商品経済つまり貨幣経済は、モノというものを見つめます。モノを数量で見ます。質で見ます。さらには社会と自分とのかかわりで見ます。当然そこからひき出されるのは、封建道徳でなく、合理主義であり、個の自由というものです。合理主義と個の自由は、とくに後者はヨーロッパの同時期にくらべて、一俵の米の前の一椀のめしほどでしかありませんでしたが、それでも徐々に蓄積されていたことは、江戸中期以後の思想書や文芸において見ることができます。ここでは、それをくわしく説明するゆとりがありません。

中維翰の朝鮮は、一種の理想社会でした。社会に存在するのは、官と農民だけで、問屋制による前期資本主義というものは、存在しませんでした。商品経済というあらあらしいものが存在しないために、社会はしずかに存在し、のちにふりかえって隠者の国などとよばれましたが、まことにそうでした。社会の景色は、生産の形態がそうでありますので、日本の奈良朝の景色とさほどに変りがありませんでした。それでも習慣としての儒教はすみずみにゆきわたり、儒教的にいえば日本より格段上の文明国でした。高度の漢学の知識と詩文をつくる能力をもった官僚とそれをめざすひとびとのほかは、文字を用いる必要は、ほとんどありませんでした。

ところが江戸日本は、朝鮮官僚のような高度の学識をもつ人はまれであるにしても、読み書きする人口は、中国や朝鮮に比して圧倒的に多かったのです。国民の七％程度を占める武士階級は平均して中学卒程度の教養をもち、他の多くの層にとって商業従事のために必要でありました。ですから、江戸日本は精神面でいえば、二つの民族にわかれていました。武士という、貧しくても誇り高く、形而上的に物を考え、よろこんで死ぬわけでないにしても、いつでも必要とあらば死ぬということを人生の大前提にして代々その精神を世襲してきたひとびとと、町人的合理主義をもつひとびとです。前者もその存在が必要とするために書物を必要としますが、後者は存在よりも目的のために文字を必要とします。農村の二男、三男は都市に出て商家に奉公したり、船乗りになったりしますが、文字が読み書きできなければ、手代・番頭にもなれず、船乗りなら、船頭にはなれないのです。いわば、商品経済がかれらに文字を習わせたのです。江戸期の都市における識字率は、おそらく七、八〇%はあったかと思います。

わが申維翰は、『海游録』というみごとな日本見聞という報告書を書きながら、日本社会を儒教的価値観——つまり礼があるとかないとかいう——で裁断してゆくのみで、ついに日本社会をゆるがしている商品経済については、見ても意味を見出せなかったか、まったくふれずにおわりました。かれは、商品経済の江戸日本をみるべきでした。この側面のみから日本社会を見れば、じつは明治社会はその結果にすぎないとさえいいたくなるほどです。

ただ、申維翰は、大坂という商業の町が、おびただしい種類の書物を売る町でもあることを見ました。このことで、かれは日本をもっと深く察すべきだったでしょう。

申維翰の大いなる文明国朝鮮にあっては、書物は士大夫の読むものですが、江戸日本においては、固い本は庶民に近い武士階級か、裕福な庶民が読み、しかも、科挙の試験という功利的な目的なしに読むのです。小説のたぐいにおいては、庶民の読みものでした。

また、日本は十三世紀以来、中国との貿易における輸入品の筆頭は書物であり、おそらく中維翰がやってきた十八世紀、中国で発行された書物で、中国ではなくなっている書物も、日本のどこかで保存されていたはずです。

さらに読み書きのことになりますが、江戸時代、日本で書かれた政治、経済、法制の文書の多さはおそらく中国・朝鮮をはるかにしのぐでしょう。さらに、文芸や家伝、随筆のたぐいにかぎって言っても、おそらく中国・朝鮮をしのぎます。このため、江戸時代史を専攻する学者は、文献の多さにこまっているほどです。ただ、朱子学的価値観からいえば、それらのほとんどは聖賢の教えとなんの関係もありませんから、無意味な文字ということになりましょう。

まだ、話がブロードウェイを行進する遣米使節にまでは至りません。ここでちょっと、バカと利口の話をします。

中維翰も、江戸日本の大名や高官たちのバカ面には閉口しています。たとえば大坂で、大坂を管理する幕府の高官を引見しております。

大坂城代という将軍の代理者は岡部という大名ですが、これは「老衰してしまって人間じゃなくなっている」と書き、その下にいる二人の町奉行は、どちらも進退がいじけていて、ろくに言葉も——日本語ですが——つかいこなせない。

日本の官爵は、世襲をもってするゆえに、人を択ばず、怪鬼の如き輩がいずくんぞその任を能くなしえようか。笑うべきことだ。（一一八頁）

まことに、朝鮮国第一級の科挙的な秀才の目から見れば、日本のエライ人というのは、こんなものでしょう。「怪鬼の如き輩」とは、うまくいったものです。その任重くしてその器は愚である、という場合、当の人物をながめていると、怪鬼を感じさせます。鬼とは、死霊のことです。ただし、かれらが死霊のごときボンクラでも、家来や補佐役に利口なのがいて、かれらが怪鬼になんとか大過なく任務をつくさせるのが封建制でした。側近もしくは下僚による政治は、封建日本の一特徴でした。ただし、こういう補佐政治は、泰平の世ではそれでいいのですが、幕末のような非常の世の中になりますと、通用しなくなります。補佐政治は、因循停滞こそ善だという泰平の世のものなのです。ついでながら、万延元年の年のはじめに遣米使節を送りだしたときの幕閣は、老中の合議制というよりも、ひさしぶりで大老という非常職をえらびだして、かれの独裁下にありました。井伊直弼《いいなおすけ》です。かれはむろん〝怪鬼の如き輩〟ではありません。しかし、遣米使節がニューヨークのブロードウェイにあるとき、すでに井伊直弼は水戸浪士によるテロリズムに遭って（桜田門外の変）この世にありませんでした。ただし、当時、通信緩慢なため、かれら一行はこのことを知りませんでした。

さて、もうすこし封建制によるバカ・ボンクラ高官について、話したいと思います。ボンクラなんて、怪鬼という漢語よりも実感があって、人間のにおいがありますな。ボーとして、たそがれのように昏《くら》いことでしょうな、たぶん。

勝海舟のことです。

海舟はむろん、ボンクラじゃなく、封建体制下では常ならざるの人です。将軍の直参のことを旗本・御家人《ごけにん》といいますね。旗本は将校、御家人は下士官もしくは兵卒と思って下さい。御家人は将軍に御目見《おめみえ》得する資格がありません。海舟はそういう下級幕臣、つまり、ひくい御家人の家にうまれて、この遣米使節のころ、大いに頭をあげていたものの、幕府としては身分がなおひくいため艦長にはできず、頭取というふしぎな職名でいました。

かれの家系は、名家のにおいなど、いっさいない。海舟の曾祖父は全盲の人で、越後の百姓身分であり、江戸に流れてきて、あんまをする一方、高利貸しをして巨万の金を貯めました。江戸幕府というのは、盲人の保護に熱心で、盲人が金融業を営む場合、借りた者はかならず返さなければならない。法律《はっと》できびしくそうなっています。

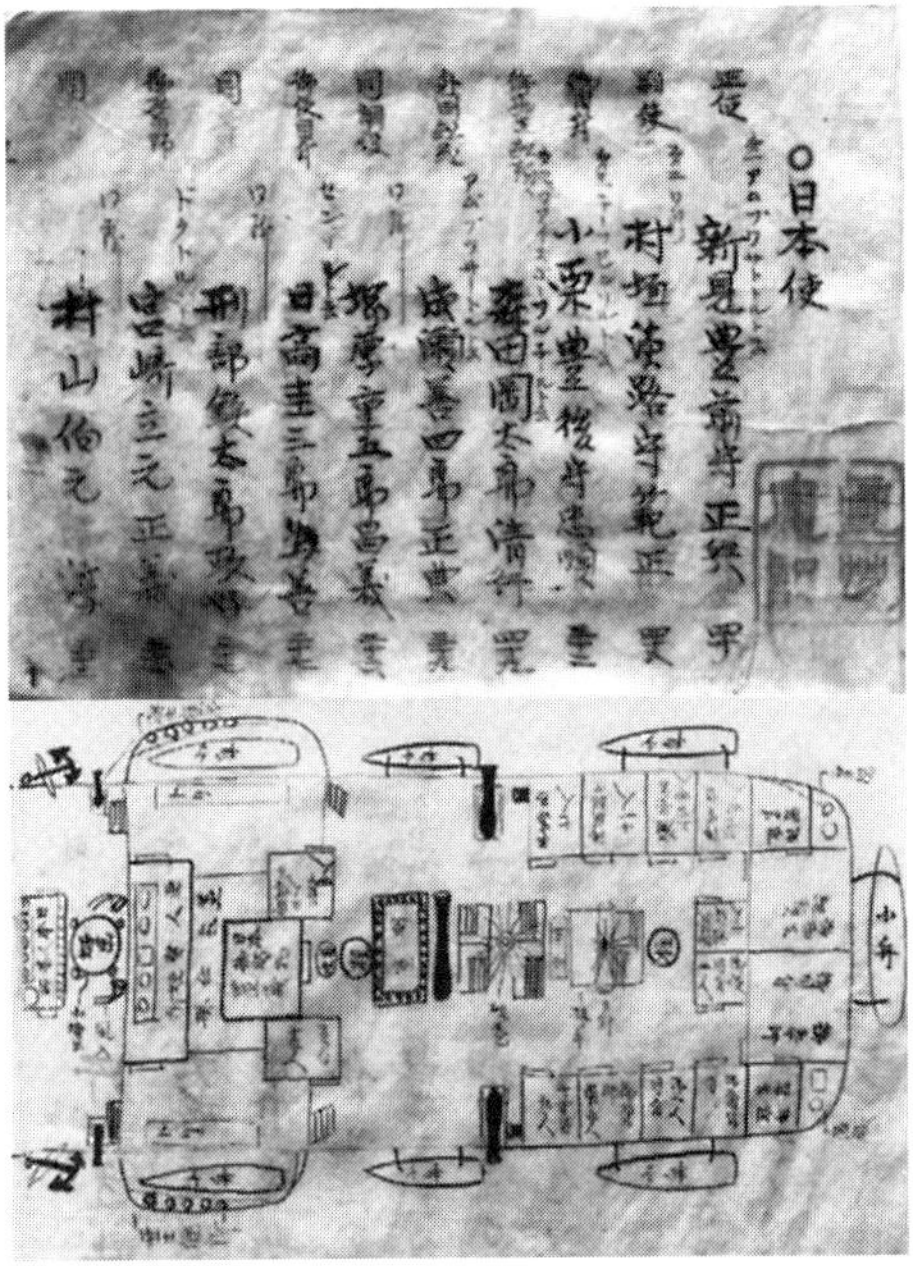

ポーハタン号乗船者名簿と部屋割図（加藤素毛『亜行周海略日記』より。楠妣庵観音寺蔵）

曾祖父《ひいじい》さんの銀一《ろういち》（その名）は、中ぐらいの大きな旗本の男谷《おだに》家の株を買って末っ子にそれを継がせ、孫（海舟の父）には、だいぶ身分はひくくて名ばかりの御家人の勝家に金をわたしてその養子にしました。江戸封建制は、空気の対流のように、下の空気が上へあがる仕組みとして、そういう裏口もあったのです。

海舟は、流行のオランダ学を学んで出世し、さらに幕府が長崎に設けた海軍学校で、オランダ式の海軍を学びました。

この海舟も、この時期、アメリカへ参ります。有名な咸臨丸《かんりんまる》の艦長としてです。幕府は、日米条約の批准のために、二隻の軍艦を出します。一隻は、アメリカの好意によるアメリカの軍艦「ポーハタン」です。この「ポーハタン」に前述の三人の使節とその随員や従者数十人が乗ります。もう一隻は幕府軍艦――そのころ「御軍艦」といっていましたな――咸臨丸です。これが別

咸臨丸乗組員（右端は福沢諭吉）

途に出発するのです。ふりかえれば、ペリーの黒船がやってきて七年後のことでした。こっち側も黒船でもって太平洋をつっきってやれという、江戸日本の心意気というか。ただしさほどの実を伴《ともな》いません。使節団は「ポーハタン」に乗っているんですから。むだというか、スポーツのようなイヴェントというか、いわば野外劇《ページェント》のつもりで、咸臨丸をやったのです。むだです。物入りなむだです。ごく最近の日本人ならともかく、戦前の日本人ならこんな粋なむだはしませんが、江戸日本の人のほうが、むだの効用というものを心得ていたんでしょうな。

どうも話がわきへ外れすぎます。

私は封建制におけるボンクラの話をしなければならない。

勝海舟がアメリカから江戸に帰ったとき、報告のためにお城へ登りました。すでに井伊大老はこの世になく、幕府の大臣たちである老中《ろうじゅう》らが、ずらりとすわっている。老中は原則として譜代大名がこの職につきます。ほとんどが、申維翰のいう「怪鬼の如き輩」で、海舟は全身が頭脳のような男です。またその出身からみても察せられるとおり、門閥に大あぐらをかいて平然と無能のまま重職にいる高官たちが大きらいでした。ボンクラが国を亡ぼすと思っていました。ついには幕府に対して愛と憎悪を同時にもっていました。

老中の一人が、勝に対して質問しました。私は手もとに原典をもっていませんから、記憶だけで申しあげます。

「勝。わが日の本と彼国《かのくに》とは、いかなるあたりがちがう」

というようなことだったと思います。勝海舟は、自分の度胸と頭脳にあぐらをかいているような男ですから、

「左様、わが国とちがい、かの国は、重い職にある人は、そのぶんだけ賢うございます」

と、大面当《おおつらあて》をいって、満座を鼻白《はなじろ》ませたといいます。この一言は封建制の致命的欠陥をつき、しかも勝自身の巨大な私憤をのべています。勝は、アメリカへゆく咸臨丸においても、艦長室にいながら（軍艦操練所教授方頭取）、正規の指揮官はつまり提督《アドミラル》ともいうべき軍艦奉行は、門閥出身の木村摂津守喜毅《よしたけ》（一八三〇〜一九〇一）で、勝よりも実務の能力がひくい上に、勝よりも七つも年下なのです。この木村という人は明治後、「芥舟《かいしゅう》」という号をつけて隠遁して世に出なかったという、じつにきれいな人なのですが、明治後の速記録に、勝についてこう語っています。「（身分を低くとどめられていたために）始終《しじゅう》不平で、大変なカンシャクですから、誰も困っていました」咸臨丸の航海中も船酔いだといって艦長室から出て来ず、木村提督のほうから相談の使いをやると勝は「どうでもしろ」という調子で、「はなはだしいのは、太平洋の真中で、己《おれ》

はこれから帰るから、バッテーラ（ボート）を卸《おろ》してくれ」という始末だったといいます。船酔いだけでなく「つまり不平だったんです」と、おだやかで人を中傷することがなかった木村芥舟が語っています。私は勝海舟が、巨大な私憤から封建制への批判者になり、このままでは日本はつぶれるという危機感、そういう公的感情（もしくは理論）へ私憤を昇華させた人だと思っています。海舟は偉大です。なにしろ、江戸末期に、

「日本国」

という、たれも持ったことのない、幕藩よりも一つレベルの高い国家思想——当時としては夢のように抽象的な——概念を持っただけでも、勝は奇蹟的な存在でした。しかもその思想と、右の感情と、不世出の戦略的才能をもって、明治維新の最初の段階において、幕府代表（勝は急速に立身してすでにそこまでになっていました）として、幕府みずからを自己否定させ、あたらしい〝日本国〟に、一発の銃声もとどろかせることなく、座をゆずってしまった人なのです。こんなあざやかな政治的芸当をやってのけた人物が、日本史上いたでしょうか。そのバネが、右のことばです。〝アメリカでは、政府のえらい人はそれ相当にかしこい。日本はちがう〟。つまりかれの満身の不平、そしてそのどろどろした感情を蒸留して結晶体をとりだしたところの文明批評というべきでしょう。

さて、ブロードウェイの三使節の身の上に話をもどさねばなりません。かれらは米軍艦「ポー

ハタン」のグループですから。咸臨丸グループの木村や勝がブロードウェイにいないのはいうまでもありません。

三人の使節のうち、二人までは封建的ボンクラでした。とくに幕府が意識してその程度の者を選んだのでしょう。正使新見も副使村垣も、幕臣としての門地がよく、勝のようにガラッパチじゃありません。適当に教養があって、そつのない人物です。副使村垣には多少の文才がありますが、その見聞録をみると、まったく創見というものがなく、ただアメリカは礼儀のない国だとばかり書いている。礼儀というのは日本式もしくは中国式の礼儀ということです。ではアメリカの本質は何かということについては、その知能はすこしも動いていません。そういう使者に、とくに代表新見には、幕府は十万石の資格をあたえ、錦を着せたのです。歌舞伎ですな。

ふつう遠くへやる国家の外交使節には、全権を与えます。が、かれらは何の権限もあたえられていない。ワシントンで大統領に会って批准をする、そういう儀式を——つまり演技を——するだけがかれらのしごとで、新見・村垣とも、その程度の人物でした。ふざけた話でした。げんにあとでアメリカが気づき、一、二の新聞が、このことについて怒っています。

が、もともと日米条約に乗り気でなかった幕府にすれば、それでよいとしたのです。またアメリカ側からしても、べつに外交交渉をするわけではありませんから、手腕家の登場を必要としておりません。

また、アメリカの大衆にしてみても、それで十分でした。

「日本人」

というものを見たかったのです。

アメリカ人は、すでに中国人を見ていましたが、日本人を知らなかった。新見・村垣らが、批准のためにワシントンにいたのは、ニューヨークの前でしたが、かれらを見るためにワシントンの街と周辺は、家々が空家になってしまうほどで、新聞、雑誌の記者はその印象記の取材のために駆けまわっていました。たれもが、この日本使節に感心した。頭の内容でなく、その挙措動作、品のよさと、毅然とした姿に、です。首都やニューヨークに出現した、この未知の民族について、異文化とはいえ、大変上質なものを感じたのです。

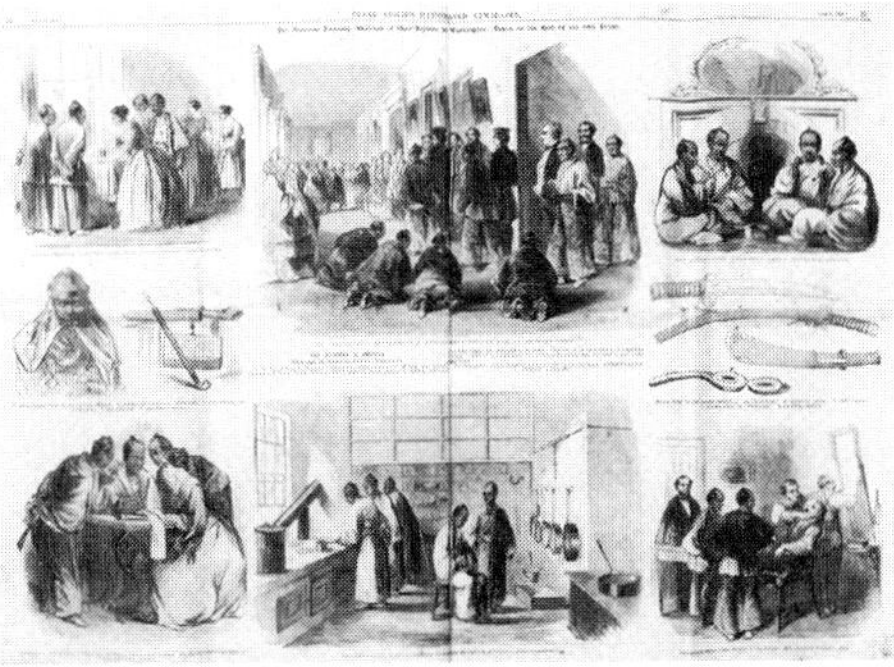

日本の使節の動向を伝える絵入り新聞（Frank Leslie's Illustrated Newspaper, June 6, 1860）

　当時、上品でりりしい人間をつくる場所、あるいは階層は、京都の御所ではなく、江戸の山ノ手の門地の高い旗本屋敷でありました。気品のある言葉、態度、お行儀、それに教養。すべてを総和すれば、とてものこと、諸藩の侍階級は、こうはいきません。ついでながら、日本人の代表として、明治四年に、いわば革命に成功したグループ——岩倉使節——がアメリカにやってきますが、かれらはよほど品《しな》さがるものだったでしょう。

人間は、他の人間にとって、しばしば存在そのものが、巨大な情報の発信体である場合が多いのですが、新見・村垣の、そして小栗という三人の遣米使節とその随員こそ、そうでした。江戸二百七十年の文化の上澄みが、ブロードウェイを行進したと考えていいでしょう。

ウォルト・ホイットマンが、六月十六日、この行進を見、『ブロードウェイの行列』という詩を、感動をこめて書いたのはむりはありません。ホイットマンは、四輪馬車によりかかったかれらの印象を〝超然〟ということばであらわしました。私ども後世の日本人からみても、それはふたたび見ることのない上質な挙措動作というべきで、ホイットマンは、さらに〝考えぶかげな黙想と真摯な魂と輝く目〟といったことばで表現しています。

さて、時間がきましたので、今回は尻きれとんぼに終ります。

三人の使節のうちの小栗豊後守忠順《おぐりぶんごのかみただまさ》については、次回に話します。幕府は正使・副使をお飾りとし、切り札《ふだ》のような俊秀として小栗を目付として加えたのです。大変な人選だと思います。この小栗が——幕府瓦解とともに幕府に殉ずるようにして死にますが——明治国家の父の一人として位置づけざるをえないということを、つぎにふれてゆきたいと思います。

第二章

徳川国家からの遺産

ふつう小栗忠順《おぐりただまさ》については、「上野介《こうづけのすけ》」という官称で記憶されています。上野介《こうづけのすけ》、この官称は元禄忠臣蔵の吉良上野介でおなじみですが、江戸中期の上野介も江戸末期の上野介も、ともに非業《ひごう》に死にました。

幕臣としての小栗家はいわゆる三河以来の家柄で、神田駿河台に屋敷があり、家禄は代々二千五百石、まことにお歴々《れきれき》という家柄です。旗本で二千石以上というのは、家格としては小さな大名に釣り合い、げんに小栗の夫人も、一万石の大名の息女でした。

これにくらべると、おなじ直参でも勝海舟の家は、じつにひくい。なにぶん三代前、銀一《ろういち》、という盲人が越後から出てきて高利貸を営み、中ぐらいの旗本の家と小さな御家人《ごけにん》の株を買って、その息子や孫を入りこませたのです。この小栗と勝とが、幕府瓦解の前後、立場を異《こと》にして対立することになるのですが、その政争をここでのべようとするわけではありません。じつは、小栗も勝も、明治国家誕生のための父たち（ファーザーズ）だったということをのべたかったのです。いわゆる薩長は、かれらファーザーズの基礎工事の上に乗っかっただけともいえそうなのです。

私の話は、

「明治国家」

という一つの物体を、この机の上に置いて語りたいのです。主人は、明治国家です。話の中にたくさんの固有名詞が出てくるだろうと思いますが、そのいちいちの伝記をのべようとするのではないのです。

しかし、小栗ばかりは、かれ自身について語らねばならない。というより、かれが、なぜ明治国家のファーザーズの一人であるのかを話さねばならない。

さて、小栗が、万延元年（一八六〇）の遣米使節のナンバー・スリーであったことは、すでにふれました。正使が新見、副使が村垣、この二人は凡庸な人で、新見が恰幅がりっぱなためにえらばれ、村垣は、陳腐な表現力ながら多少の文才があることでえらばれました。人選者である大老井伊直弼は、この二人がお飾りであること以外何の期待もしていなかったでしょう。期待する必要もない、ワシントンではただ批准だけせよ、よけいなことはするな、井伊大老はそう思っていたはずです。しかし一人ぐらいは、目のきく人間をいれておかねばならない。いわば井伊は、自分の目玉の代りになる人物として、三十三歳の小栗を入れたのです。役目は、目付《めつけ》です。

目付というのは、日本古来の習慣から出た役職です。たとえば、鎌倉のむかし、源頼朝が平家追討の軍を編成するについて、弟の義経を大将にします。目付には、梶原景時をえらびます。義経は飾りですが、真の頼朝の代理人は梶原である、そういう組織的慣習が日本にあるのです。

目付については、幕末あたりでも、英国公使館の通訳官が、これを「スパイ」と訳し、多くの欧米人がそう信じました。しかし、そうではないことは、以上のべたとおりです。

小栗は、無口な実行家で、文章もほとんどのこしませんでした。遣米使節のひとびとは多くの記録、随想のたぐいを残していますが、小栗はそういう点でも沈黙しています。不気味なほどというか、いっそ沈黙がかれの人格表現というか。

万延元年の遣米使節（右より目付・小栗豊後守、正使・新見豊前守、副使・村垣淡路守、東京大学史料編纂所蔵）

ただ小栗は、一枚の写真をのこしています。沈黙がかれの好みだったとすれば、これは、かれにとって不覚じゃないでしょうか。

遣米使節として、米軍艦「ポーハタン」に乗って太平洋をわたっているとき、アメリカ側の接待係の海軍大尉ジェームズ・D・ジョンストンが、たわむれに撮った写真で、小栗の死から六十五年後の昭和八年、アメリカの研究者から日本に送られてきて、私どもは小栗とはこういう顔・姿の人だったかを知ることができるようになったのです。

ジョンストン大尉の日記は、私どもと同じ感想をのべています。小栗がきわだって智力がすぐれ、容貌は聡明さでかがやいていた、という。なるほど、写真をみると、ひたい広く、いわゆる才槌頭《さいづちあたま》で、面長の殿様顔ながら、両眼が異様に大きいですね。全体の姿勢に気どりがなく、ひょろりと立ちあがって竿の先のトンボでも見ているような表情で、気張ったところがなく、およそ自分をよく見せようとするところがうかがえません。いわば、平然たる自然体を感じさせます。ただ、小柄ですね。当時としては、当然ですけど。

小栗の生涯は、わずか四十一年でした。張りつめた生涯でした。

門地が高かったために、立身を求める必要もなく、私心もありません。幕府は安心してかれに重職を歴任させました。かれの眼中はただ徳川家あるのみでした。徳川国家が極度に衰弱していることを百も知った上で、歴史のなかでどのような絵を描くかということだけが、かれの生涯の課題でした。

「おれが本当に得意なのは、経済だよ」

と、晩年に語ったのは、若いころ小栗の政敵だった勝海舟でした。たしかにそうで、勝の物の見方は、大きくは日本の現実から小さくは個々の生活、友人の暮らし、世界の状態、あらゆるものを経済の目から勝は見ます。その上で、別な要素をのせます。たとえば人心。勝は、人心を見る名人でもありました。ともかくも物や人や事や世の中が動く底の底に経済があるということを、勝は徹底的に知っていて、巨細《こさい》となく目くばりをきかせていた人でした。

ところが、そっくりといっていいほど、小栗のお得意も経済というより財政でした。

ただ、勝の場合、世の現象を、その天衣無縫ともいうべき表現力で腑分《ふわけ》しておしゃべりしてみせるのに対し、小栗はむっつりと幕府の大金庫の前にすわりこんで、金庫の中身と相談しつつ、なすべきことをやっていくという型でした。

――新国家はどうあるべきか。

古ぼけて世界の大勢に適《あ》わなくなった旧式の徳川封建制国家の奥の奥にいながら、そんなことを考えつづけていました。むろん、小栗構想の新国家は、あくまでも徳川家というものをコンパスのシンにして、円をえがこうとするものでした。小栗は渾身《こんしん》の憂国家でしたが、しかし人と語りあって憂国の情を弁じあうというところはありません。真の憂国というのは、大言壮語したり、酔っぱらって涙をこぼすというものではありません。この時代、そういう憂国家は犬の数ほどたくさんいて、山でも野でも町でも、鼓膜がやぶれるほどに吠えつづけていました。小栗の憂国はそういうものではなく、日常の業務のなかにあたらしい電流を通すというものでした。

げんに、かれはそれをやれる位置にいたのです。

アメリカから帰ったあと、数年して小栗は、幕府の財務長官である勘定奉行の職に就いて金庫の中身を知り、ついで、こんどはお金を使うほうの陸軍奉行や軍艦奉行になり、さらには、これら幕府の軍制をフランス式に変えるべく設計し、みごとに実施に移しました。難事業で、矛盾にみちていました。武士制度という日本の伝統的なものを一挙に解体することは幕藩否定――つまり自己否定になりますからそいつには手をふれず、それを残したまま、直参の子弟を洋式陸軍の士官にし、庶民から兵卒を志願でもって募集するという、いわば新旧二重構造の軍制でした。とくに海軍を大いに充実させようとしました。ヨーロッパの帝国主義に対しては、ヨーロッパ型の国をつくる以外に、独立自尊の方法がなかったのです。いま考えても、それ以外に方法はみつかりません。

さて、幕藩体制とはなにか。ここでちょっとそれを考えたい。脇道に入るようですが。

この幕藩国家というのは世界史に類のない日本独自のものです。西暦一六〇〇年の関ヶ原ノ役によってできあがった体制で、あくまで歴史的産物です。

幕藩体制における徳川将軍家とはなにか。王家とか皇帝家とかといった絶対政権をもつ家ではなく、〝諸大名のなかでの最も大いなる大名〟と規定すべきです。最大の大名ですから、最大の武力をもっています。それに、他の大名を封《ほう》ずる権能と、一旦緩急あれば大名を一つの軍事目的にむかって動員し、かりたてる権能とをもっていますが、実質上は、大名たちは将軍の家来とは言いがたい。（将軍の家来は俗に〝旗本八万騎〟といわれる直参だけです）もっともわかりやすい表現でいえば、〝徳川家とは大名同盟の盟主である〟ということでしょう。

その盟主が、国家の統治権をもっています。その統治権の法的合法性は、京都の天皇からもらう「征夷大将軍」（略称・将軍）という職によって確立しています。

江戸中期の新井白石などは、いま風の表現でいいますと、将軍は元首である、京都の天皇は山城国《やましろのくに》（いまの京都市の市域）の王にすぎない、という定義をもっていましたが、その後、幕府が官学（国家が認めた正統の思想）である朱子学が普及してゆくにつれ――皮肉なことに朱子学は王権の正統性をやかましくいう体系なんです――将軍家が元首であるという考え方がぐらついてきました。幕末になると、天皇こそ元首ではないか、という考え方がひろがり、幕府も幕臣もこれを否定せず、京都のほうに上代以来の潜在的な統治権があって、江戸の将軍はそれを代行している、と考えるようになりました。ただし、幕府は自分の統治権の根拠や合法性にひるみや後ろめたさをもったことがありませんし、京都の天皇家のほうも、政権を返せ、などという考え方をもったこともありません。幕藩体制時代での最後の天皇である孝明天皇は、あくまで幕府を支持し、幕藩体制を是認する考え方をもちつづけ、たれよりも佐幕家でした。ごく一般的にいっても、それが常識であり、良識であるとされていました。

盟主である徳川家は、

「幕府」

という政府をもっています。この政府は、徳川家という、いわば本来、私的な一軒の家の収入によって運営されていまして、日本じゅうの人間からまんべんなく税金をとって政府が運営されているのではないのです。

「これではなにもできない」

と、おそらく小栗は財政通だけに思ったことでありましょう。

政府の基本的収入は、米にして四百万石ほどなんです。

それに、幕府直轄領の商業地から、運上金という名の税金が入ります。江戸、大坂、博多といった都市で、日米条約後は、横浜などの開港場から、関税という新収入が入ります。

が、いずれにしても大した収入ではない。なにしろ日本は二百数十の藩――つまり地方地方の小政府――にわかれていて、百姓の租税はそれらの藩がとってしまうものですから、中央政府である幕府は、たいした収入をもっているわけではないんです。

そのすくない収入で、幕府は日本――むろん大名領もふくめて――全体を防衛する陸軍や海軍をつくらねばならず、また志士と称する者が外国人を殺傷する、そういうテロ事件がおこるたびに幕府は賠償金を当該国に払わねばなりません。世間にはいろんな跳ねっかえりがいるし、条約によって日本にきている外国人を殺すことによって幕府をくるしめる、それが革命運動だとしている人達もいます。たしかに幕府はこの件では、くるしみぬきました。第一、おそろしく金がかるのです。ときに、幕府の統制力が弱体化し、それに反比例して、大名のなかにはいままで将軍にむかって下げていた頭を、すこしもたげようとする藩が出てきています。たとえば薩摩藩に長州藩。その薩摩藩がひきおこした生麦《なまむぎ》事件という外国人殺しの責任も幕府がとり、幕府が賠償金を支払わねばなりません。長州人が外国人殺しをする、あるいは長州藩が、攘夷と称して下関海峡において四カ国艦隊と私的な戦争をする。その賠償金も、幕府が外国に支払うのです。

こんな気の毒な政府があるでしょうか。幕府は、諸藩から一文の税金もとっていないのに、日本政府としての義務だけがある。

――こんなばかなことをやっているより、いっそ、封建制をやめて郡県制にし、幕府を名実ともに中央政権にして、全国から税金をとってはどうか。
という考え方が、小栗という財政家の頭の中でわきあがってきたとしても、ふしぎはないのです。げんに、小栗はそういう考えをもちました。

ときに、幕府はフランスと仲がいい。

じつはフランスは、フランス革命のあと、革命政権がすっきりと継続していたわけではないことはいうまでもありません。革命のあと、ナポレオンによって思わざる帝政になった。ナポレオンが失脚したあとも、ジグザグしています。王政復古もありました。そして共和制の時代もありました。じつをいうと、日本へペリーがやってくる前年の一八五二年、フランスでは、ナポレオン一世の甥のナポレオン三世が、人民投票によって皇帝になり、〝第二帝政〟をはじめたのです。ナポレオンは、国内の人気を維持するために、ショーのように派手な外交政策や植民地ふやしに熱中しましたが、あらたに国をひらいた日本と手をにぎることで、国内の話題を華やかにしたかったようです。

いっそ日本を奪って、フランスの植民地にしよう、などという気はなかったようです。英国もそのようでした。それは、不可能だからだったのでしょう。徳川日本はよく統治されていた上に、徳川家および二百数十の大名が、旧式軍とはいえ、秩序整然と武を擁していたからで、いかに小国といえども、こんな日本を万里遠征の海軍が攻めとれるはずがありません。しかし当時の日本人のほとんどが、外国が日本を攻めとってしまうという共通の恐怖をもち、恐怖以上に強烈な反発感情をもっていました。

そのことはともかく、小栗は、フランスが、英国を競争相手として、日本をめぐって外交上の花を咲かせたいという、いわば花だけで、さほどに実質的な野心をもたないという底意《そこい》を、どうやらわかっていたように思えます。

小栗は、かつて見たアメリカの政体は、日本にはとてもむりだ、と思っていました。それにひきかえ、ナポレオン三世のフランスの政体は、十分参考になると思いました。フランス人も、

「わが国の皇帝制を参考になさい」

と、いったはずです。

「そして郡県制をどうぞ」

ともいったかと思えます。

幕末、対外的な公文書では、徳川将軍家は「日本国皇帝」でした。

ここで申しておかねばなりませんが、ここに国が千あれば千通りの政体（system of government）の歴史があります。そっくりという国は、地上にはありません。歴史は科学のように法則的に変化するというマルクスの歴史観のあやまりは、ここにあります。

フランスと日本は、歴史からしてごっそりちがうのです。ですから、ブルボン王家と天皇家を同じにみたり、ナポレオン一世の帝政と日本の武家政権とおなじに見たりすることはできません。しかし目的あって何かを言おうとするとき、強いてイーコールをつけてゆけば、徳川将軍家を、フランスのナポレオン三世と同じだとみて、あらためて将軍家が内政的にも日本国皇帝になり、あるいは大名会議の議長になり、そのことによって大名制度を廃止し、郡県制にもってゆけばどうか。

この研究は、小栗を中心に私的に研究されました。

話が変りますが、幕末、藩ぐるみで反幕活動をして天下をさわがせたのは、長州藩でした。この藩は、尊王攘夷をとなえて京都世論を独占していましたが、あまりにやりすぎたために京都を追いおとされました。翌年、つまり元治元年、長州人は大挙して京都に押しよせ、御所を守っている佐幕派諸藩と戦い、やぶれて国に帰り、さらにはさきにのべたように英米仏蘭の四カ国の艦隊と下関海峡で戦い、これまた敗れます。まことに百敗の攘夷闘争です。

こういう問題児の長州に対し、幕府はいっそ攻めつぶしてしまえと勇断し、これを攻めるという、いわゆる征長ノ役《えき》をおこすのです。むろん、諸藩を動員してのことです。長州の方も、内部で佐幕派が政権をにぎり、幕府の要求をのんで恭順を示し、滅亡にいたらずに済みました。第一次長州征伐が、これです。

のち、長州はふたたび内部変化し、内部において革命派のクーデターが成功し、幕藩体制から半ば離脱して反幕の旗印をあきらかにしました。幕府は第二次長州征伐をおこします。このとき、諸大名の多くは幕府の命令に忠実ではなくなったのです。それに、長州の藩境に攻め入った幕軍は、いたるところで敗けました。

——諸大名はもはや幕府に忠実ではない。

ということを長州は知っていたから、強腰になったのです。諸大名の足なみがみだれた理由の一つに、

——幕府は大名をとりつぶして郡県にしようとしている。

といううわさがあったからでした。郡県にするには、さからう大名を攻めつぶさねばならない。その戦費はフランスから借りるのだ、いまの長州の運命はあすの他の藩の運命でもある、といううわさほど、諸藩を白《しら》けさせたものはありませんでした。

このいわば〝事実〟にやや近いうわさをそれとなく他に洩らした人に、幕臣勝海舟がいます。

幕臣勝は、小栗がフランスに近づきすぎることを、日本国のあすのために憂えました。勝は、幕府の瓦解直後はともかく、幕政をうごかすような要路に立ったことがありません。かれは熾《いこ》った炭火と同じで、上に立つ者がかれを使おうにも、素手でつかめばやけどしてしまう、あわてて

離す、というわけで、幕府という官界から、出たり入ったりしていました。

それに、かれは西郷隆盛など薩摩人や、土佐藩の坂本龍馬といった幕臣にとっての危険な人物とつきあいすぎています。世の中を変えてしまえ、という側に、勝は友人知己や、あるいは門人が多かったのです。幕閣の中枢としては、勝をどこまで信じていいか。

「いっそ、勝を斬ってしまえ」

という幕臣がいて、小栗がそれを知って知らぬふりをした、ということもあり、この両者の色のちがいは、幕末のぎりぎりになりますと、濃厚に出てきます。

以上は、政治的な話です。

こんどは、べつの話をしましょう。

当時、世界に航海する船をもつことが、近代国家の最低の条件とされていました。物を輸出するのに、商船を必要とします。商船はその船籍の国の旗をかかげていて、その国から――つまり母国から――保護されていることをあらわしています。さらには、遠くへゆく船は法的にはその国の主権の延長でもあります。その背後にある国家主権には、商船への保護能力の実体として、商船という手形の信用の裏判として海軍を備えることが必要だったのです。海軍は、十九世紀の近代国家の必須の条件でありました。でありますから、勝海舟も、幕臣身分でありながら、神戸の地に、私立の海軍塾をひらき、諸藩の士や浪人を塾生としてあつめて教えていました。ここに入って塾長になったのが、土佐藩脱藩浪人坂本龍馬でした。

――勝は、不穏な考えをもつ浪人をあつめて塾をひらいている。

という疑いが幕府にあったり、いろいろなことで、やがてこの塾は寿命みじかく閉じることになります。龍馬は勝の志を継ぎ、長崎で浪人結社亀山社中、次いで薩長土それに越前の四藩の出資より成る一種の株式会社「海援隊」をおこし、遠洋海運業を志すとともに、私立海軍の実質を高めようとします。諸藩も、西洋式風帆船などを購入し、あるいは佐賀藩のように蒸気船をつくったり、薩摩藩のようにそれを数隻そなえたりして、海軍や海運を興そうとします。ただし、みな小規模のものです。

小栗は、雄大なものを興そうとしました。

そのためには、製鉄所や鉄工所や船台《ドック》つまり造船所を持たねばなりません。持つからには、世界的なレベルのものを持たねばならない。（これは、さきにふれたように帝国主義などというものと関係はありません。小栗は、かれが設計しつつある新国家の規模を、ミミッチイものにしたくなかったのです）

かれは、その地を相模国横須賀村という無名の村にえらび、慶応元年（一八六五）三月から、六カ月かけて三つの入江を埋め立てました。

構想は大きいんですが、金なんかないんです。

日本の外貨は、生糸とわずかに茶でかせいでいます。物産といえば絹と茶だけ。

それに、開国でもって国際経済社会に入ってから、国内経済にいろいろな矛盾が生じて、物価高、あるいは人心不安といったように、病気でいえば高熱のさなかです。その不安を長州人や脱藩浪士たちが煽っています。その煽る方の側に、勝もいる、と江戸幕府のほうでは見ていました。

その上、長州征伐という大きな出費で、幕府の財政は火の車でした。そういう大変な時期に、金なしで小栗はこの大構想をすすめはじめた。

むろん、財政にあかるい小栗のことですから、明快な成算は立っています。

げんにこの時期、小栗は勘定奉行——大蔵大臣——と海軍奉行——海軍大臣——を兼ねておりましたのは、この一大プロジェクトのためだったのでしょう。

それにしても、計画が大きすぎる。いまでいえば、スリランカのような国が、富士製鉄という大工場をいきなり興すというか、貧も底をついたような徳川国家にとって、背負いきれない大荷物ですね。

なにしろ予算は二百二十万ドルというべらぼうなもので、四カ年計画ですから、これをたった四カ年で払わなければならない。

ちょっと言いわすれましたが、この横須賀ドックとその付属設備——幕府はどういうわけだか、製鉄所といっていました——は、フランスの有名なツーロン軍港（Toulon。地中海にのぞむ。十七世紀以来のフランス海軍の大根拠地）の規模に近い（三分の二とか三分の一とかいいますが）ものだったようです。時のフランス公使ロッシュと話しあったすえにうまれた計画です。とにかく、金がかかる。

結局、ロッシュと相談の上、日本の生糸をフランスのみに売る、それを一カ年六十万ドルとして4×6＝24、四カ年で皆済する、という計算をたてました。ところが、英国はじめ各国が、じゃ日本は生糸をわれわれに売らないのか、それじゃわれわれはなんのために日本と通商条約を結んだのだ、という騒ぎになって流れてしまい、あとは小栗が四苦八苦しました。時は、フランスから六百万ドルの借款をしようということになりましたが、借款はフランスのほうでもうまくゆかない、日本も、外国から大きな借金をするのはまずいということがあったりして、これも流れた。このあと、小栗は脂汗を流して支払ってゆき、あと五十万ドルというところで、幕府が瓦解した。ドックは、フランスの会社の抵当に入った。

新政府はそれをひきつぎ、維新早々、大隈重信がかけまわって、横浜の英国系のオリエンタル・バンクという銀行から、英国公使の口ききで、五十五万ドル借りてやっと抵当をとりはずさわぎになった。英国系のオリエンタル・バンクのこのときの利子が一五％という大変な高利でした。きついものですな。このサラ金なみの高利は、日本に抵当がなかったこと、新政府が——

つまり明治国家が――いつまでつづくかという点で信用がなかったことをあらわしています。

金の話が出たついでに申しますと、明治国家は、貧の極から出発しました。旧幕府が背負った外債もむろんひきつぎました。あらたに明治国家は借金もしました。それらを、貧乏を質に置いても、げんに明治・大正・昭和の国民は、世界じゅうの貧乏神をこの日本列島によびあつめて共にくらしているほどに貧乏をしましたが、外国から借りた金はすべて返しました。

「国家の信用」

というのが、大事だったのです。

私は一九八七年の春はロンドンにいって、そこで、ラテン・アメリカのある国が、先進国から借りた金、これは返せません、ということをわざわざ記者会見して言明した、ということをきき、明治国家を思って、涙がこぼれる思いでした。律義《りちぎ》なものでした。

これは、自画自賛しているわけではありません。

第二次大戦後、たくさんの新興国家ができ、借金政策で国をやっている処が多く、しかも堂々と返さないといったような国もいくつかあります。

それらとは、時代がちがうのだ、ということを言いたかったのです。

十九世紀の半ばすぎという時代において、古ぼけた文明の中から出て近代国家を造ろうとしたのは、日本だけだったのです。そのことの嶮しさをのべたかったのです。いったん返すべきものを返さなければ植民地にされてしまうのです。でなくても、国家の信用というものがなくなります。国家というのも商売ですから、信用をなくしてしまえば、取引ができなくなるのです。信用がいかに大事かということは、江戸期の人達も、その充実した国内の商品経済社会での経験で、百も知っていたのです。

金のはなしは、つけ足しです。つけ足しのついでに、もう一ついたします。

第一回に申しあげた幕府の遣米使節のとき、使節が米艦「ポーハタン」でゆき、べつに幕府は自国の軍艦「咸臨丸」を派遣したはなしを致しました。

勝海舟が、咸臨丸の艦長だった、ということは、教科書レベルでもって周知のとおりです。しかし、どうも幕府は海舟のような育ちのわるい人にはつめたくて――そのつめたさが封建制というものですが――勝がすねきっていて、太平洋の真ン中から〝ボートをおろせ、おれは日本へ帰る〟といいだしたのも、むりはないんです。

艦長なら、ふつう大佐で、大佐といえば、徳川日本風でいえばナントカノ守《かみ》でしょうな。勝の身分は、軍艦操練所教授方頭取だったのです。

その身分は、「小十人《こじゅうにん》」

という、文字からして低いものでした。やっと旗本、というか、それでも旗本というか、ふつう武士というものは、高等官は石《こく》で禄をかぞえますが、小十人はお徒士同様、米何俵《こめなんびょう》という俵《ひょう》でかぞえます。小十人は年に百俵。小十人社会の言いぐさに、〝百俵六人泣き暮らし〟というのがありました。標準的な家族は六人、その六人がとても食べてゆけない、というものなんです。兵隊の位でいえば、最下級の少尉。咸臨丸のとき、勝はいい年をして少尉で艦長室にいたんです。

それにひきかえ、年下の木村摂津守喜毅《よしたけ》（明治後、隠居して芥舟《かいしゅう》）は御浜御殿奉行の子でしたから、いきなり軍艦奉行、従五位下《じゅごいのげ》の大名なみでした。いわば少将ともいうべき位でした。指揮は木村がとらねばなりませんが、木村は勝をたてようとする、勝はふてくされる。権力欲と名誉欲は男の悲惨な病気ですね。といって勝海舟の全体としての偉大さをそこなうものではありません。

この話、もう一つのお金の話の前置きなんです。

その話にたどりつくまでに、明治国家とかかわりのある大切な話をさせてもらいたい。

旗本は、大名と同様、

「殿様」

とよばれていました。封建制度の話として理解していただきたい。

おなじ侍でも、大名の家来の侍なんぞは、旗本からみれば下人《げにん》同然なんです。その木村が、咸臨丸でアメリカにゆくにあたって、当時、江戸で多少は知られていた若い洋学者をつれていました。福沢諭吉でした。福沢は、大分県、つまり豊前《ぶぜん》中津の奥平家十万石の家来で、大名の家来の身分からいうと、木村は雲の上のお殿様でした。福沢はつてをもとめて木村に願い出、私的な従者としてつれて行ってもらうことにしました。身分としては、荷物持ちの下男です。

「門閥制度は親の仇でござる」

と、福沢はいったことがありますが、かれは門閥家の木村に対しては何ともいえぬ親しみをもっていました。

木村はけっして威張らず、このような身分の福沢、それも自分より五つも年下の福沢を、人のいないところでは、

「先生」

とよんで、ごく自然に尊敬していました。福沢の学問と識見をみとめた最初の発見者の一人にこの木村摂津守がいます。福沢は生涯、木村を尊敬しつづけ、明治後、木村が新政府から仕官せよといわれても仕えず、貧しいままで隠遁生活をつづけているのをみて、どうやら陰で経済的な援助もしていたようです。

福沢は、明治も二十四年ごろになって、

『瘠我慢の説』

という、福沢にしてはめずらしく武士論というべきものを書きました。「立国は私《わたくし》である、公《おおやけ》ではない、さらに私ということでいえば、瘠我慢こそ、私の中の私である。この私こそが立国の要素になる」と説きました。

福沢は、言います。一個の人間も、この世も、あるいは国家でさえ、瘠我慢でできあがっている。国でいえば、オランダやベルギーなどの小国が、ドイツ・フランスの間にはさまって苦労しているが、あれだって大国に合併されれば安楽なのだが、瘠我慢を張って、栄誉と文化を保っている。

そういうことでいえば、勝海舟という人は、どうも解《げ》せませんというのが、福沢の論です。幕府瓦解のとき、将軍から全権をゆだねられ、江戸を開けわたし、みずから徳川家を解体し、静岡に移し、わずか七十万石に縮小して日本を内乱からふせぎました。福沢はこれに異論をもちます。徳川幕府は衰えきっていたとはいえ、あのときなぜ瘠我慢を張って戦わなかったか、勝氏は「立国の要素たる瘠我慢の士風を傷《そこな》」った責任を感じねばならない。そういうのです。

私は、この福沢の勝論には与《くみ》しません。勝の幕府始末は命を張った実務家のもので、福沢は勝の事歴のこの部分を衝くかぎりにおいては、口舌《こうぜつ》の徒のにおいがしきりにするのです。

ただ、福沢が勝をはげしく攻撃したのは、勝が、新政府につかえて大きな栄爵を得たということとでしょう。なぜ、勝には「瘠我慢」というものがないのか。

さらに、福沢の感情は、咸臨丸時代に淵源《えんげん》するのです。勝が、太平洋横断中、ふてくされて艦長室から出て来ず、温厚な木村摂津守を手古ずらせぬいたことを、木村好きの福沢にとって、勝への憎しみになって生涯消えなかったのです。勝は、のちその大いなる文明感覚をもって、歴史を旋回させる大演技者になるのですが、あの当時、小さな咸臨丸の中に、しかも木村の私的な従者という、とるに足らぬ小者の中に、将来の福沢諭吉が潜んでいようとは思わなかったのです。その福沢が、〝なんだ、こいつは〟という憎しみをもって、自分を見つめていようとは、古めかしくいえば、夢にだに思わなかった。勝にとって、災難ですな。

しかし、日本にとって幸福だったのは、別途に太平洋を進んでいる米艦「ポーハタン」には小栗がいて、この咸臨丸には、勝と福沢という、稀代の文明批評家が乗っていたことです。小栗は、幕府を大改造して近代国家に仕立てなおそうとし、又、勝は在野の、あるいは革命派の俊秀たち――たとえば西郷隆盛、横井小楠、坂本龍馬など――にアメリカの本質を語ってかれらに巨大な知的刺激をあたえ、一方福沢は、官途には仕えず、三田の山にいたまま、明治政府から無類の賢者として尊敬をうけ、明治国家のいわば設計助言者としてありつづけたのです。いわば、二隻の軍艦に、三人の国家設計者が乗っていたことに、われわれ後世の者は驚かざるをえません。建築でいえば、小栗は改造の設計者、勝は建物解体の設計者、福沢は、新国家に、文明という普遍性の要素を入れる設計者でありました。

右の三人の設計者のなかに、木村摂津守をふくめなかったのは、あるいは当を得ていないかもしれません。かれは明治国家成立のときは身をひき、栄達よりも貧窮をえらび、幕府に殉じて、みずから生ける屍になったからです。福沢流にいえば瘠我慢の人になったわけで、その精神において、明治国家に、〝立国の私《わたくし》〟を遺したのです。

勝とはちがい、木村はさすがに累代の武門の人らしく、咸臨丸で出てゆくことは、戦国の武士が出陣することだと心得て、家に相続してきた金目《かねめ》のもの——書画骨董や刀剣など——を売りはらい、それらをすべて金貨（日本の貨幣やドル金貨）に替え、袋いっぱいに詰めこんで、船室に置いたのです。出発にあたってお上から出る経費で十分とはせず、世話になるひとびとに上げるものをふくんで、私財を盡して諸雑費に当てようとしました。戦国の武士は出陣のとき、すべて自分の経費でもって馬をととのえたり、家来をやとったり、食費をまかなったりするのです。そのために、知行《ちぎょう》というものをとっているのですから、当然といえば当然ですが、しかし木村のように、私財をあげてこれに当てるというのは、なまなかな精神ではできないことです。福沢は、木村摂津守において、真の武士を見たのでしょう。

嵐のとき、その金貨の袋が戸棚を破ってとびだし、床いっぱいにちらばりました。福沢が『自伝』のなかでいうところでは、「何百枚か何千枚」床の上にばらまかれた。従者である福沢はそれをひろって再び袋に入れなおした、といいます。

寄り道が、長かったですな。

小栗上野介の話です。

かれは、前にのべた横須賀の巨大なドックの施工監督に、幕臣の栗本瀬兵衛をえらびました。歴史のなかで、友情を感ずる人物がいますが、栗本瀬兵衛などはそうですね。いい男です。幕府の御医師の子で、幕臣きってのフランス通でした。横浜開港後は主として外務国事をあつかい、外国奉行になったりしました。幕府瓦解後は、官に仕えず、新聞記者として終始しましたが、和漢の学問・教養は明治初年第一等の人物です。風貌は秀才肌でなく、豪放磊落《らいらく》、およそ腹に怪しき心をもつという所がなく、直参が生んだ武士的性格の代表者ともいうべき人物でしょう。かれは、生涯、勝ぎらいで通しました。明治後、栗本鋤雲《じょうん》の名で知られています。

横須賀ドック工事の目鼻がついたある日——栗本の書いたもの（『匏庵《ほうあん》遺稿』）によれば、元治元年十二月中旬のよく晴れて風の激しい日だったようです——大男の栗本が横浜税関を出て、官舎に帰ろうとしていると、背後に馬の蹄《ひづめ》のとどろく音がして、二騎駈けてきます。横須賀を検分しての帰りの小栗上野介で、

慶応三年ごろの横須賀製鉄所（『横須賀海軍船廠史』より）

「やあ、瀬兵衛殿、よくなされたな、感服、感服」

と、声をはりあげた。栗本のしごとをほめたのです。

私は、小栗のこのことばを言いたくて、えんえんとここまで喋ってきたわけなのです。

あのドックが出来あがった上は、たとえ幕府が亡んでも〝土蔵付き売家《うりいえ》〟という名誉をのこすでしょう。

小栗は、もはや幕府が亡びてゆくのを、全身で悟っています。貧の極で幕府が亡んでも、あばらやが倒壊したのではない、おなじ売家でも、あのドックのおかげで、〝土蔵つき〟という豪華な一項がつけ加えられる、幕府にとってせめてもの名誉じゃないか、ということなんです。

小栗は、つぎの時代の日本にこの土蔵が――横須賀ドックが――大きく役立つことを知っていたし、願ってもいたのです。

小栗は、

「明治の父」

であるという言い方は、ここにおいて鮮やかに納得できると思います。このドックは、明治国家の海軍工廠になり、造船技術を生みだす唯一の母胎になりました。

小栗のことを、もすこしふれておきましょう。

小栗は、徳川国家のために身を粉にして働きました。かれは栗本にこういうこともいっています。

「両親が病気で死のうとしているとき、もうだめだと思っても、看病のかぎりをつくすではないか。自分がやっているのはそれだ」

この言葉を、明治二十年代、福沢諭吉は栗本からきいて、さきの『瘠我慢の説』のなかで、自分の言葉として使っています。福沢にすれば、暗に勝をあてこすっています。勝がやった江戸開城というのは、あの病人はもうだめだからほうっておく、という立場だ、というわけです。是非をいっているのではなく、福沢は人間の〝情〟について語っているのです。ここで、私の意見をはさみますが、私はそれでも、勝はすきなんです。これは私の余計なつぶやきですが。

ここでは、小栗のことをのべねばなりません。

江戸開城の前夜、小栗は主戦派でした。

主戦派がいいとかわるいとかではありません。小栗の心映えというものは、じつに三河武士らしいということをいっています。かれは、薩長から挑戦されてなぜ戦わずして降伏するのか、戦って、心の花を一花咲かせるべきではないか。福沢のいう「瘠我慢」であります。

小栗の作戦は、こうです。

薩長軍——新政府軍——は、長蛇の行軍隊形をつくって東海道を東へ東へと進み、箱根をこえて、関東平野に入ります。その行軍中の部隊を、静岡県下の東海道でもって、寸断してしまう。その方法は、日本最大の艦隊をもつ徳川方が、駿河湾に海軍兵力をあつめ、艦隊で東海道を射撃しつづけるのです。ある程度の新政府軍はぶじに通過させる。半ばあたりから、これをやるのです。ぶじ通過した新政府軍を、関東において袋のねずみにしてやっつけてしまう。

あとで、新政府軍の総司令官である大村益次郎が——この人は新政府軍唯一の名将だった人ですが——これをきいて〝もし徳川方がこれを実施すれば大変なことになっていたろう〟といったといいます。おそらく歴史はちがったものになっていたでしょう。

ところが、そうならなかったのは、最後の将軍である徳川慶喜が主戦論をとらず、むろん小栗の案をしりぞけ、恭順つまりいっさい手向わないという方針をとり、すべてを勝にまかせ、水戸へ去ったからです。決戦か降伏かという評定の席で、小栗は主戦論を説き、立ちあがろうとする将軍のハカマのすそをつかんだといいます。慶喜はふりはらって座を去ったといわれています。

この場合の小栗の心事は、明快でした。武士として説くべきことを説いた。容れられなかった以上は、わが事が畢《おわ》ったわけで、それ以上のことはしません。政権が消滅した以上、仕えるべき主《あるじ》もありませんから、江戸を去り、上州の権田村《ごんだむら》(群馬県倉渕村権田)というかれの知行地にひきこもりました。

のち、関東平野に入った新政府軍は、右の権田村において小栗をとらえ、打首にしています。ばかなことをしたものです。新政府は、徳川家とその家臣団に対し、いっさいこれを罪にする、という革命裁判をやっておらず、やらなかったところが新政府のよさですが、小栗に対してだけは例外で、小栗の言い分もきかず、また切腹の名誉も与えず、ただ殺してしまいました。小栗が、おそろしかったのです。小栗の人物は過大に西のほうにつたわっていて、これを野に放っておけばどうなるかわからない、という恐怖が、新政府側にあったのでしょう。このあたり、やることの気品という点では、徳川の遺臣にくらべ、新政府のほうがガラが悪かったようです。

小栗の最期は、この話のつけたしです。くりかえすようですが、私が話したかったのは、

「これで、土蔵付きの売家《うりいえ》になる」

といった小栗のことばです。小栗には、歴史を大きく見る視野と、つぎの国家へのうけわたしという思想があったことが、このことばでうかがえます。

小栗は、福沢諭吉のいうところの「瘠我慢」をつらぬいて死にました。明治政府は、小栗の功も名も、いっさい黙殺しました。

「小栗の視野は、徳川家にかぎられていた」

旨のことを、勝は言っていますが、それは、ちょっと言いすぎであったでしょう。

明治も年が経ったころに、福沢は小栗や木村摂津守を思い、ご時勢に対し、腹にすえかねて、『瘠我慢の説』を書くのですが、福沢もフェアな人物でありますから、いわば勝を誹謗したこの文章を、発表しようとはしません。使いを勝のもとにやって、勝に見せます。そして、返事を求めます。

勝の返事は、りっぱなものです。

「自分が天下のためにやったことの責任は、自分一人にある。その批判は、他者にある。ですから、あなたの文章を他のひとびとにお示し――つまり発表して――下さってもけっこうです」

福沢は、この原稿を筐底《きょうてい》に秘めました。その後、うわさがひろまったために、文章を書いてから ざっと十年後の明治三十四年に「時事新報」紙上に発表されました。

まあ、こんなことも、どうでもいい。

明治国家というのは、江戸二百七十年の無形の精神遺産の上に成立し、財産上の遺産といえば、大貧乏と借金と、それに横須賀ドックだったということを話したかったのです。

さらには、明治国家が、一セントの外貨の手持なしに成立した国家であることも、わかって頂きたかったのです。

第三章

江戸日本の無形遺産〝多様性〟

薩摩藩、このことについてのべます。その版図はいまの鹿児島県と宮崎県の一部です。七十七万石。大きいですね。

いまでは日本の西南隅の一県にすぎませんが、江戸時代では二百七十藩のなかでもっとも雄大豪華というか、大藩であるとともに雄藩といった印象をうける藩でした。雄藩というのは英雄的な気概をもつ藩という意味でしょう。加賀百万石は大藩であっても雄藩とはいいがたいようです。

雄藩とは、まずその自負心のつよさからくる印象だったと思います。藩主以下一卒にいたるまで薩人といえばみずから恃《たの》むところ大きく、他藩に対していささかの卑下心ももちませんでした。そのことは、戦国末期から江戸期いっぱいつづいた藩士教育によるもので、人種論的なものではありません。つまり藩文化によるものといえるでしょう。たとえば薩摩は独特の方言をもち、藩士の青少年のことを「兵児《へこ》」といいました。兵児教育は兵児だけの結社をつくっての相互教育でしたが、じつに徹底したもので、〝敵を見て死をおそれるな〟〝弱者《よわもの》いじめをするな〟といったたぐいの教えは骨髄にしみこむほどのものでした。いわゆる薩摩隼人とよばれるいかにも武士らしいこの藩の風は、自然に存したものではなく、くりかえしますが、三百年間の教育によるものでした。

徳川家の紋章はご存じの葵の紋で、薩摩島津家の紋は、丸に十ノ字です。この二つに、いかにもデラックスな印象をうけるのは、江戸時代からそのようでした。いまでもその印象はつづいているのではありますまいか。

このように薩摩のことをいうと、沖縄県のひとびとは決していい気がしません。この藩は、江戸初期から幕府のゆるしをえて、琉球を属邦化していたからです。

そのことはこの藩の経済力を大きくしていました。この藩は、幕府にかくれて琉球経由の対中国貿易をやっていたのです。さらには、西南諸島の人達も、薩摩藩という過去の存在にいい感じをもっていません。薩摩藩はこの島々に砂糖キビをうえさせ、ひどい搾取をしていたからです。雄藩であるために他をひどい目にあわせていたということは見のがせません。それらは、この藩の経済力をおおきくし〝雄大豪華〟という印象の一要素をなしていました。

あるいは、島津家が十二世紀にさかのぼりうる名家であるということも、豪華であるということの要素の一つだったでしょう。将軍である徳川家より歴史がふるく、はるかに筋のいい家でした。

明治維新は、この藩と長州藩が主動力になり、他の諸藩をまきこみ、幕府を倒すことによって成立したのです。同時にこの二つの藩が主動しただけでなく、みずから藩であることを否定し、さらには自分たち士族の特権を停止し、国民という一階級の社会を創出し、あわせて中央集権を成立させることによってできあがったものです。薩長のはたした役割は過少に見ることはできません。

長州藩は、ずいぶん気質がちがいます。日本人を分類するという場合、

「長州人タイプ」

という言い方があります。頭がよく、分析能力をもっている。また行政能力にすぐれ、しばしば政略的《ポリティカル》でもある。権力の操作が上手で、とくに人事の能力に長けている、といったふうな感じなのです。明治後の人物でいえば、伊藤博文、これは代表的でしょう。また山県有朋においてその典型を見るといったふうな感じとり方もあります。山県は、明治二十年ぐらいから明治末年

まで官界と陸軍官僚の上に法王のように君臨していました。いかにも組織の魔術師的な組織者といったふうでありました。

——長州人は、どうもちがう。

という言い方が、いまもあります。賞讃と憎しみをこめていいます。話がわきみちにそれますが、第二次大戦後の日本の政界においても、岸信介、佐藤栄作という二人の首相に、なにごとかの共通性を見出そうという作業は、たとえ非学問的であっても、茶のみばなしとしておもしろいものです。茶のみばなしをもっと面白くすれば、第二次大戦後の反体制的な政治家——つまり日本共産党の大きな存在——野坂参三、志賀義雄、宮本顕治といった三人が、長州人であるということを考えるのも、一つの座興でありましょう。いまでいえば山口県という、さほどに重要な力をもっているとは思えない県から、このように、政治力をもったひとびとがつぎつぎにでてきた——半ば過去形でありますが——のは、なにかその地に遺伝子とか特別なウイルスのようなものがあるのではないかと考えたくなります。

私は、べつに、それをここで考えようとするのではありません。

ただ、こういうことが考えられないでしょうか。

長州藩毛利家は、十六世紀、日本で戦国時代といわれている時期に、一大膨張を遂げ、中国地方（山口県、広島県、岡山県、鳥取県、島根県の五県。旧分国では十カ国）を版図にしていました。それが、豊臣政権に参加し、やがて豊臣政権が衰弱して徳川政権に移行するとき、有名な関ヶ原の戦い（一六〇〇）がおこりました。そのとき、毛利家は負けた側に加担したのです。勝った側の徳川幕府という新政権は、できれば毛利家をつぶしたかったでしょう。しかし潰すには、軍事力によって粉微塵にする必要があります。それをやったのでは、政権樹立早々でもあり、政情は当然不安定で、戦い数年のあいだになにがとびだしてくるかわからず、そのことをおそれて、戦後処理として、毛利家の版図を三分ノ一に減らしただけでとどめました。

つまり山口県一つ（旧分国でいえば長門と周防の二国）にとじこめたのです。

わずか三十六万九千石。人員でいえば、かって百何万石という大規模の人数が、三分ノ一の土地に押しこめられました。

パイが三分ノ一になって、それだけの人数の武士を養えるものではありません。毛利家はそれまで広島を根拠地にしていましたが、いまの山口県――長州といいましょう――にゆくにあたって、どうか自由に離れていってもらいたい、と家臣にその旨のことを頼みましたが、離れる人はすくなかったようです。このため、それぞれの石高や扶持も三分ノ一以下になり、薄い石高・扶持の者は食べてゆけないほどになりました。このことが、徳川氏へのうらみを伏流水のように長州藩の底に流れさせたといえます。二百数十年も流れつづけたのです。むろんうわべは、徳川家に対して恭倹《きょうけん》そのものでしたが。

さらにこの一大減封《げんぽう》のとき、山口県へ移る人員に加えてもらえなかった人もおおぜいいましたが、そういうひとびとの多くが、農民身分になってついてきたのです。かれらは、山野を開拓して自活しました。

長州藩では、他藩にない、微妙な意識があります。士農工商をふくめて、長州藩は一つだという一藩平等――平等といってはいいすぎながら――そうとしか言いようのない意識があったのです。それは、右の事情に淵源《えんげん》するものです。〝自分はいまは百姓ながら三百年前は毛利家のしかるべき武士だった〟という意識。士分階級のほうも、百姓に対し、どこか他藩にない遠慮と親しみをもっていました。それが、幕末、この藩が幕府の第二次長州征伐の前後、幕藩体制下における奇蹟の無階級軍隊をつくるという結果になりました。

ともかく、長州藩は、百数十万石という多量のミルクを三分ノ一の量に濃縮ミルクにしたような藩でした。戦国時代の武士というものはほとんどが遠くは農民の出ですが、要するに何らかの気概のあった者が武士になったのでしょう。それらを江戸期の長州藩は、一つの罐の中でコンデンス・ミルクにしたようなぐあいでした。城下だけでなく、山や野にも、他藩とはちがう何かがあったはずです。

それに、さきにふれたように、第二次長州征伐前は、藩の防衛のために、階級を問わぬ志願制の軍隊をつくりました。足軽や農民・商人・職人といったあがりの者が、藩の肝煎で〝諸隊〟とよばれる隊をつくったのです。奇兵隊がもっとも有名です。〝奇〟とは正統ならざるものをいいます。これに対し正統は、むろん残してあります。藩の武士組織です。

長州藩は、幕府の第一次長州征伐のとき、恭順を示すために過激派を追い、佐幕傾向の保守派――当時、正義派と自称していた過激な倒幕派から因循《いんじゅん》派とよばれていました――の内閣をつくっていました。この保守派は、城下の萩の中以上の階級の藩士層ほとんどを支持基盤としていました。つまり長州藩には、急進派と保守派の二大政党があって、その上に藩主がすわっていました。藩主は伝統として「君臨スレドモ統治セズ」つまり明治憲法下の天皇、もしくは英国憲法における国王のようでした。その下に二大政党がある。なにか、小さな近代国家を彷彿《ほうふつ》させます。その上、産業立国主義でした。江戸体制は、古来の水田の上に、あぐらをかいています。長州藩は、なにしろ十七世紀初頭に三分ノ一になったものですから、財政をよくするために積極的に産業に心がけ、たとえば、富農や富商に請負わせて瀬戸内海岸の干拓をして水田面積を拡大したり、また他の物産の生産にも力を入れつづけていました。幕末において長州藩は、表高《おもてだか》は三十六万九千石ながら、実収入は百万石以上あるといわれるようになったのです。またこの藩は、自領の下関を商品投機の上での基地として、九州の物価と上方《かみがた》の物価の差に目をつけ、とくに綿や綿布の投機で儲けたりしていました。それで儲けて大商人になった代表的なブルジョワジーが、たとえば白石正一郎というすぐれた人物でした。かれは藩の倒幕過激の徒、つまり正義党のスポンサーでもありました。

そういうわけで、幕末、どの藩も財政が疲弊しきっていた時代に、長州藩と、前にのべた薩摩藩ばかりは元気でした。

そこで、奇兵隊など、諸隊のことです。結局としてこの庶民軍は、藩の費用でまかなわれつつも、正義党の軍になり、幹部も兵士もみな正義党でした。

幕府による第二次長州征伐の前夜、長州に政変がおこりました。幕府派（つまり佐幕の、いわゆる因循グループ）が藩の藩士組織を動員して藩首都の萩をかためているところへ、野党正義派グループの首領高杉晋作が奇兵隊など庶民軍をひきいて、絵堂というところで藩の正規武士団を破り、萩城下に入って、新内閣をつくるのです。新内閣の旗じるしは倒幕でありました。そのまま山陰路を進み、石見の浜田城を落城させ、その後、曲折をへて薩摩と手をにぎり、倒幕軍となって東へすすむことになります。

このように、倒幕をめぐって言いますと、薩摩藩は、政略的であったのに対し、長州藩は藩内において庶民軍が勝ち、いわば革命政権ができていました。

庶民軍という存在をキーにしていいますと、そこに〝国民〟という一階級意識のめばえが、藩規模でできていたといえます。

べつの見方でいえば、

――長州藩は、書生たちが藩を牛耳って、やることなすことがめちゃくちゃだった。四カ国艦隊を相手に一藩だけで戦争をしたり、幕府に両度にわたって攻められたり、あのままでゆけばつぶれていたろう。

ということがいえます。たしかに長州藩はつぶれていたでしょう。

薩摩藩が、政略として長州藩に手をさしのべたから、長州は明治維新までこぎつけることができたといえます。

手をさしのべたのは、長州藩は右のように藩内革命をやったものの、幕府は第二次征長令を大名三十一藩に対して命令して（慶応元年十一月）長州は穴をふさがれたネズミのように窮しきっているときでありました。

その数カ月のち（慶応二年三月）、土佐浪士坂本龍馬のあっせんで、長州の代表者木戸孝允がひそかに入京して、薩摩の代表の西郷隆盛と秘密の軍事同盟を結んだのです。この秘密は、ついに幕府にも世間にも洩れませんでした。〝長州が可哀そうじゃないか〟と坂本が、しぶる西郷に対して声をはげましていったそうです。一介の浪人が犬猿の仲といわれた二つの大藩の仲介をするなど、異常なことです。時代はそこまで切迫していたともいえます。さらにいえば、坂本は浪人ながら長崎で浪人結社「海援隊」をおこし、薩摩と長州と土佐、それに越前福井藩をいわば株主にしていました。おもしろくいえば、坂本は海上にうかぶ私設の藩をもっていたようなもので、そういう勢力を背景に口をきいていたのです。この秘密同盟ができあがったとき、維新は大きく躍進したといえましょう。同時に長州がすくわれ、薩摩が新時代の主人公になったともいえます。明治後、最後の将軍だった徳川慶喜《よしのぶ》が、

「長州は憎くない。なぜなら最初から倒幕を呼号して旗幟《きし》鮮明だった。それに対し、薩摩はぎりぎりまで幕府びいきのような顔をしていた。」

といったといわれていますが、薩摩はそこまで政略的でした。

ここに両藩の藩風のちがいがみられます。

長州藩は書生の集まりのようなもので、たえず百家争鳴しています。この書生の親玉である高杉晋作は天才的な人ですが、一時期、野党にまわって四国の讃岐に亡命していたとき、

「わが藩の者は、秘密が守れない。いつも洩れてしまう」

と、同志に対する手紙のなかでこぼしています。長州人にとって〝動カザルコト山ノ如シ〟というのは、にが手なのです。

そこへゆくと薩摩藩というのは、鉄の桶が水洩れしないように、秘密はまず洩れることがありません。藩風として、黙って死ぬというところがあります。指導者は西郷隆盛と大久保利通でしたが、大久保は国もとにあって藩主（藩主が幼主だったためその父島津久光）をしっかりにぎり、しかも久光には倒幕のことを話さず、一方、西郷は京都にあって幕府や諸藩と接触を保ちつ

つ、藩士団のすみずみまで掌握していました。一糸乱れずという形容は、この時期の薩摩藩の印象にじつにふさわしい。

ここでちょっと、西郷と大久保、そして西郷の秘書団ともいうべきグループについてふれておきます。

西郷もそのグループも、また大久保も、鹿児島城下の川（甲突川《こうつきがわ》）そばのひくい土地のうまれです。その一角は、下級武士ばかり約八十戸の集合区劃になっていました。幕末とは嘉永六年のペリー来航以来のことをいいます。薩摩藩も非常事態のために、泰平の時代のように封建的門閥で運営してゆくことができず、この両人が大いに出頭し、大久保が前記島津久光の側近になり、久光を誘導しては藩の対外姿勢をきめ、西郷は京都に駐在して、国内的な藩外交のいっさいをとりしきってゆくという形になりました。野球でいいますと、西郷が投手、大久保が捕手、ときには役割が逆になります。久光はばかな人ではありません。おそらく朱子学者として田舎の塾でもひらけるほどの教育があったでしょう。しかし朱子学をやりすぎていましたし、気質的にも大《だい》の保守家で、幕府を重んじ、藩体制を旧のまま、というふうに考えておりました。そういう久光に対し、それを大久保と西郷は、倒幕の底意を久光に気取《けど》られぬまま、なだめ、すかし、おだてたりして重戦車のように重い藩の方向を、ひそかに自分らの意図する方向に持って行ったのです。

ひょっとすると、大久保は、久光に、

――徳川家に取って代って、島津幕府をひらくということになるかもしれません。

などということも、ささやいたことがあったかもしれません、想像ですが。

西郷・大久保は、むろん単なる策謀家ではありませんでした。人間としての清潔さ、いさぎよさ、あるいは無私な点などをふくめて、日本史上、類のない人物で、真に英傑という名にあたいしましょう。それだけの人物が、狐のように、久光という主君代理者（藩主の父）をだまさざるをえなかったのです。封建制というのは、悲痛なものですね。

ついでながら、西郷は藩主の気づかぬままに藩軍をひきいて幕府をたおしてしまいました。あまつさえ、明治二年、版籍奉還という、大名の領地を中央に返還してしまいます。明治四年には廃藩置県。藩をやめて県を置く。島津久光としては茫然自失、さらには怒りのあまり、鹿児島の別邸で、夜、大花火をうちあげさせ、一人黙然としてそれを見つづけたといわれています。久光は西郷を、

「安禄山」

と、左右の者にいって罵っておりました。安禄山はご存じのように異民族出身の将軍でよく肥ってもおりました。ひそかに軍隊をひきいて皇帝にそむき、一時、首都をも占領した人物です。西郷のようにまじめな人が、逆臣である安禄山よばわりされるとはつらかったでしょう。

かれにとって、明治政府をつくることは、主君への裏切りになったのです。このことが明治後の西郷の憂鬱のたねでした。かれが、明治政府の軍事権をにぎる唯一の陸軍大将でありながら、ほどなくその職をやめて、鹿児島に帰り、孤独な狩人《かりうど》になったというのも、久光が罵倒しつづける〝安禄山〟ということばがその心につらすぎたからだと思います。後日、西郷は非業に死にます。封建人でありながら封建制を否定するということがいかにつらいものであったかが、この一事でもわかります。

さて、ここでべつな話をしましょう。

前回かに、幕藩体制というのは大名同盟である、将軍家はこの国の元首とはいうものの、皇帝とか国王とかでなく、ずばぬけて大きい大名で、かれが天下のぬしであるのは大名同盟の盟主ということによる、と考えるほうが、より実体に近い、ということを申しあげました。

ただ、将軍である徳川家は、直轄軍として旗本八万騎を擁し、さらには政府を運営するために四百万石の天領（直轄領）をもっていた、ということをのべました。

大名の数は、ふつう、

「三百諸侯」

などといわれていました。二百七十ぐらいあったでしょう。それらの藩の多くは、江戸初期をすぎると、いまの「法人」という概念で考えたほうがいいと私は思っています。藩主は自然人というよりも、法人の象徴もしくは一機関になっていました。藩にとって、大名という自然人よりも法人のほうが優先して考えられるというふうになっていました。幕末の長州藩などは、その典型的なものでしょう。君臨スレドモ統治セズ。

長州はそうでしたが、他の諸藩の場合、英邁《えいまい》な藩主が出ると、こんにちのオーナー会社のように、藩主みずからがオーナーとして独裁権をふるうばあいもあります。幕末の佐賀藩の鍋島閑叟《なべしまかんそう》、また幕末の土佐藩の山内容堂《やまうちようどう》がその稀少な例であります。このことは、のちに申しあげます。

まあ、藩はおおむね法人だったということよりも、幕藩体制は大名同盟である、ということの続きを申さねばなりません。

徳川家は、親衛的な大名団をもっています。これを「譜代《ふだい》」というのです。戦国のころ徳川家の家来だった者を大名に昇格させた者を譜代大名というのです。大名同盟の与党《ガバメント・パーティ》と考えていい。むろん近代政体の与党よりも、はるかに主家に対して忠誠心がつよいことはいうまでもありません。かれらは与党ですから、幕府の老中（閣僚）になったり若年寄（閣僚補佐）になったりします。重職にはつくが、石高は大きくない、それが譜代大名の一特徴です。

これとはべつに、外様《とざま》大名というのがあります。これは、近代政体における野党と考えたいのですが、近代政体における野党は政府の反対党という意味である。そういうことでは、江戸日本の幕藩体制とはちがいます。外様大名は、譜代以上に忠誠心を見せつづけねばいつ取りつぶされるかわからない。ただ、政府の役職につけず、国政の実務を担当できないという点では野党でした。

外様大名には巨大な領地をもつものが多いということが、一特徴です。加賀百二万石の前田家、仙台五十九万五千石の伊達家、また前述の薩摩や長州、さらには肥前佐賀藩鍋島家三十五万七千石、また土佐藩山内家二十四万二千石、これらは、数ある外様大名のなかでも規模の大きなものです。（もっとも規模の大きなものとしては、他に、肥後熊本藩細川家五十四万石、筑前福岡藩黒田家五十二万石というのもでっかいのですが、これらは、それぞれの藩事情があって、仙台、加賀と同様、明治維新には、ほとんど動いていません）

外様大名の成立は、江戸幕府以前において、徳川家と同格の大名だったものが、幕藩体制ができたときに、徳川家の下についた者たちです。

さきの薩長両藩に関していいますと、以上のような外様大名のなかでも、この両藩は野党性がもっともつよかった。なにしろこの二つの家は、徳川幕府を成立させた記念すべき関ヶ原の戦では、徳川の敵方にいたのですから、最初からアイクチをのんでいたようなものです。徳川方は、幕府成立早々攻めつぶしたかったでしょうが、それよりも政情を安定させるという高度の政治判断から、この両藩を残さざるをえなかった。

むろん、この両藩は、泰平の時代は、幕府のいうことをご無理ご尤もときいて、自家の保存につとめています。譜代大名とはくらべものにならぬほどに、うわべの忠誠心については、大きなエネルギーをそそぎつづけたのです。

幕府はその初期、とくに薩摩藩に対しては、油断しませんでした。

——もし薩摩藩が江戸へ攻めのぼるときの用心のために。

ということで、その沿道に大きな城をきづかせておいた、ということでもわかりましょう。薩摩が外へ出るときの最初の関門としての肥後熊本城は、まことに巨大です。広島城、岡山城、姫路城、大坂城、名古屋城といった巨大城郭は、薩摩藩の東上を想定したものだと考えていいのです。

それは余談です。

要するに、大名同盟である幕府体制は、ぬきんでた大名である徳川将軍家が、盟主である実をうしなった場合、いつでも野党の大名で盟主としての実力をもつものが取って代っていい、それは、一つの暗黙のルールでした。ですから、薩摩や長州が徳川家に反逆しても、忠義・不忠義という倫理問題にはなりにくい。力の上に、幕府が立っているのです。薩摩や長州は、形式は徳川家に従属しつつも、譜代大名の場合のような厳密な主従関係にあるとはいいにくい。力がさかんなればこれに従い、力が衰えればこれにそむく、そういう関係だったと考えていい。

というように申しますのは、幕藩体制というのは、交替能力をもつ野党的な大名がいくつも存在した、ということをいいたかったのです。むろん徳川幕府の当初の設計者が、亡びのときまで考えてそのように配置したわけではありませんが。

いや、そうだ、という意見もあります。薩長に舞台をゆずって、幕府をみずから解体させた当の勝海舟がいっています。

——幕府というのは、シツケ糸一本を抜くだけで解体するようにできていたのだ。

うますぎる発言ですが、多分に真実性はあります。

さて、三百諸侯の多様性について申しあげねばなりません。これは、結果として明治国家がもっていた力だったと思います。

土佐藩のことです。明治維新を成立させた藩は、ひとくちに、薩長土といいます。また肥前佐賀鍋島氏を加えて、薩長土肥といいます。

土佐藩もまた野党——つまり外様——でした。薩長とちがうのは、徳川家から大きな恩顧を蒙っていたことです。土佐には戦国から豊臣期にかけて長曾我部《ちょうそかべ》氏という地生《じばえ》の大名がいましたが、関ヶ原のとき、毛利や島津とともに敗けた側に与《くみ》し、戦後、徳川幕府によってとりつぶされました。代って、遠州掛川にいた山内《やまうち》氏という小さな大名が、土佐に入りました。四、五倍領地がふえたので、それに見合うだけの家来を、土佐へ入る前にふやしました。これが、失敗でした。というより、特異《ユニーク》な藩になりました。

土佐にはかつての長曾我部氏の遺臣がたくさんいたのです。しかもその人数は、多うございました。なにしろ、長曾我部氏は戦国の末期、土佐一国に居るだけで満足せず、天下をねらったのです。この点、長州も薩摩も、うまくはゆきませんでしたが、戦国末期に天下を志した家です。つまりは、三藩とも風土として志が天下にあり、それが土にしみついていたのでしょう。

戦国末期の土佐長曾我部氏は、まず四国平定をしようとしました。とてもそのために昔からの侍では人数がたりないものですから、自作農を武士にしました。平素は田を耕している。いざとなれば、具足を着て出てゆく。これを〝土佐の一領具足〟といいました。一種の国民皆兵でした。ついでながら、フランス革命がかかげたのは自由と平等ですが、その平等――階級を無くすること――が、端的にあらわれて、感覚として社会に〝平等の世だ〟ということを実感させたのは、国民皆兵にしたことでした。はるかな後世からみれば、軍隊などは軍国主義だということで片付けられそうなものですが、フランス革命の果実をたべてしまったナポレオンが、いわば革命の輸出という意識が半ばあってヨーロッパの他の国に兵を出します。百戦百勝だったのは、相手の国々の軍隊が、貴族を将校とし、兵卒はお金でやとう、王様にお金が乏しければ、すこししか傭えない、というのに対し、ナポレオンの軍隊は、庶民の中で有能な者が将校になり将軍になり、兵卒は無料で、つまり召集令状一枚で無限にちかくかりだすことができたからです。

余談をおわります。

戦国の土佐長曾我部氏の〝一領具足〟たちは、戦争にも強く、さらには、厳格な階級社会を突きくずして出てきたひとびとですから、なにか平等意識というものをもっていました。

徳川幕府がはじまると同時に、そういう土佐が、よそからきた無縁の山内氏と見知らぬ武士たちによって支配されたのです。〝一領具足〟たちは農民になりましたが、おもしろいことにかれらは長曾我部の遺臣であるという意識をすてませんでした。時がたつにつれて、土佐の全農民は長曾我部の遺臣だと思うようになったのです。土佐は、意識の上で二枚構造というか、大げさにいえば二つの民族が存在するようになりました。

よそ者である山内侍たちは、長曾我部侍（厳密には農民身分ですが）からみれば、駐留軍のようで、かれらはなかなか根づかず、また農民層はかれらを心から尊敬するという姿勢をとらなかったのです。むしろ土佐の農民たちは〝おなじ人間で、なぜこんな差別があるか〟ということを、他藩の人間ならあるいは考えないかもしれないことを日常的に考えるようになりました。

山内家は、この調整と、農民層から不満のガスをぬくために、かれらの中から富裕なもの、山野を開拓した者などを〝郷士〟という下級藩士にとりたてました。数百人の郷士ができました。この藩では、庄屋階級は区長のように一種の藩吏なのですが、その職を郷士にやらせました。ところがかれらの胸中の〝長曾我部意識〟には変りがなく、このため土佐の郷士・庄屋たちは、上につかずに下につくといわれました。まだ徳川幕藩体制が安泰なころ、土佐の一劃の庄屋たちがひそかに同盟を結び、内密で申しあわせしました。

〝天朝〟というものを仮設したのです。そのことによって、重くるしい幕藩封建制の階級性というものを、思想という架空性の中ではねのけようという気分がうかがえます。

「山内家は、つまり殿様は、田畑の表土から生えた作物を租税としてとるものである。しかし表土以下の土は支配していない。表土以下の土は〝天朝〟のものである。農民は山内家のものでない。〝天朝〟の直臣である。農民を管理している庄屋は、〝天朝〟の役人である。山内家の役人ではない」

というものでした。このことも、明治後、土佐が自由民権思想の一大飼育場になったことと思いあわせるべきです。明治時代、土佐にむらがり出た自由民権家は、一朝一夕の伝統ではないのです。

幕末、藩の上層をなす山内侍は佐幕でした。

〝長曾我部侍〟である郷士・庄屋階級が、当時のことばでいう勤王派になったのも、右によって当然なことでした。ついでながら、当時の郷士の一人が〝勤王というのは革命をともなう観念で、従ってそのころ土佐の保守層では火付け・強盗とおなじにおいのことばだった〟という意味のことを回想しています。

土佐では、一藩が倒幕思想をもつということはないため、志をもつ郷士たちは多く脱藩しました。かれらは山野を放浪し、じつに多くの者が非業にたおれました。さきに出てきた土佐脱藩浪士坂本龍馬もその一人であります。

しかし幕末のぎりぎりになりますと、上士(山内侍)も下士(郷士)の熱気にあおられて、時勢の炎の中に土佐藩を投じようとします。このころ、かつて独裁的だった藩主山内容堂は、自分の思想が時代にあわないと気づき、みずから藩政指導の局面から身をひき、政治面は後藤象二郎という家老にやらせ、藩の軍事面は板垣退助にやらせます。

このようにして、倒幕の第一戦ともいうべき鳥羽・伏見の戦から、土佐藩は薩長の戦列に加わるのです。

土佐派より遅く打倒徳川軍に参加したのは、三十五万七千石の外様大名肥前佐賀藩鍋島家でした。

打倒徳川の第一戦である鳥羽・伏見の戦のときは、むろん肥前佐賀は参加していません。しずかな藩でした。

その上、佐賀藩は伝統的に二重鎖国でした。日本という国家的鎖国の大桶の中に、も一つ藩という小桶の鎖国があって、佐賀藩士は他藩士とつきあうということをしません。幕末、京都に各藩の外交役（正称は周旋方）があつまって大いに論じ、大いに情報をさぐりあったのですが、その時期も佐賀藩は藩是として人を出さず、それを禁じていました。自然、佐幕とか倒幕とかといった議論や情勢にうとかったのです。

薩長のほうから、佐賀をさそったのです。というより、懇請したのです。佐賀をさそわなければ、全国規模にひろがるであろう革命戦に勝つことがむずかしかったのです。

それは、佐賀藩が、日本でただ一つ重工業をもつ藩だったからです。

それは、藩主鍋島閑叟のモノマニヤックなほどの情熱によるものでした。いまでいえば佐賀県は日本の都道府県のなかでも面積も小さく、貧乏でもある県ですが、封建割拠――つまり自治――というもののおもしろさは、意外な花をひらかせるものですね。佐賀は、科学技術という点で、かがやくような藩でした。

この藩は、幕府から長崎警備を委嘱されているものですから、早くから藩を洋式化していました。

多くの藩士に物理や化学、機械学、あるいは造船、航海術を学ばせ、語学としては最初はオランダ語、その後は英語といったようなものを習得させていました。理科系の書物を読ませるためでした。

幾隻かの英国製軍艦を購入していましたし、それらを修理したり、小さな船舶を建造したりするドックももっていました。

英国製のアームストロング砲ももっていましたし、陸軍は施条銃《ライフル》で装備していました。

鳥羽・伏見の戦のあと、鍋島閑叟は藩の洋式軍隊をひきいて京にのぼりましたが、ある日、長州の木戸孝允に懇願されて、新政府軍に参加します。薩長土肥になったわけです。

もう一つ佐賀の特徴は、人材でした。この藩は異様なほど藩の子弟に勉強させる藩でした。小学段階から大学段階まで設け、各級のふしめ節目の進級試験におちると、役料がもらえないばかりか、家禄まで減らされます。

佐賀藩士大隈重信は、むろん家中《かちゅう》きっての秀才でした。が、無個性な人間や、詰めこみ勉強を、親の仇のようににくんでいました。後日、かれは自分の藩の詰めこみ勉強をののしって、

「独自の考えをもつ人物を育てない」

といいましたが、あるいはそうかもしれません。しかし、実直で有能な事務官タイプの人材を多くもつことができます。げんに佐賀藩は、京都から東京に移った新政府に、有能な行政官と事務官を提供することになったのです。

薩摩の藩風（藩文化といってもよろしい）は、物事の本質をおさえておおづかみに事をおこなう政治家や総司令官タイプを多く出しました。

長州は、権力の操作が上手なのです。ですから官僚機構をつくり、動かしました。

土佐は、官にながくはおらず、野にくだって自由民権運動をひろげました。

佐賀は、そのなかにあって、着実に物事をやっていく人材を新政府に提供します。

この多様さは、明治初期国家が、江戸日本からひきついだ最大の財産だったといえるでしょう。

第四章

〝青写真〟なしの新国家

明治国家の四十四年間は、薩長の世といわれています。その是非をここで論ずるのではありません。

薩人というのは、ふしぎな文化をもっていました。

「貴方《おはん》、たのむ」

という文化です。自分は利口だと思うより、自分はバカだと思いこむ文化で、むろん、すべての薩人がそうではありません。しかし、そのようにする薩人が節目の薩摩人だとされたことはたしかです。上に立った場合、みずから考えて走りまわるよりも、有能な下僚を見つけてきて、おはんたのむ、ということなのです。連れてきたその人がもし失敗すれば、上に立つ自分がひっかぶります。大方針をその人にいいきかせてまかせた以上、こまごましたことは口出ししません。

旧藩のころから、こういう型があったようです。

ここで、幾人でも明治の薩摩人のなかから、そういう型のひとびとの例をあげることができますが、この型の最大の具現者が、西郷隆盛でした。

明治維新成立後、西郷はなにやら虚無的になっていました。時代が旋回し、ほとんど歴史物理といったような力が働いて明治維新が成立したとき、いざ出来あがってみて、かれはさびしかったようです。かれがもつ、ほとんど体系化しがたいほどに大きい、しかし多分に固体化されていないその理想からいえば、輝きのすくない国家でした。それにかれには超人的な無私の心がありました。その心は、あたらしい権力に酔う新政府の権官たちのさざめきを、かれにうれしいとは感じさせなかったのです。かれは日本橋の河岸に沿った屋敷で下僕と住みながら鬱々としていました。

西郷は、当時のたれの目からも革命の最大の功績者としてみられており、栄光と賞讃でつつまれていました。が、戊辰の戦争から東京へ帰ってきたかれは、ほとんど隠者のようでした。

ここで、あわてて申し添えておかねばなりませんが、西郷は甘い理想主義でも、書斎派の文人でもありませんでした。旧幕時代、かれは奔走家として有名で、また藩から島流しにあったことが二度もあり、さらには、かれは目的のためには氷のようにつめたい革命戦略を考えたり実行したりしたひとでもあり、要するに四十数年を風雨にうたれてすごしてきた人でした。そういう人が、少年のように身をかがめて悩んだのです。

この人物にとって、権力欲は、小さいものでした。人を狂わせるというこの欲望を、かれはその巨大な意志力で押しつぶしていました。

後世、ふしぎに思うことがあります。西郷が、革命の最大の英雄なのに、なぜ革命政府の首領の座につかなかったかということです。

西郷は、明治二年、功によって賞典禄二千石をもらっただけでした。正三位の位をもらいましたが、半年以上かけてこれをことわりました。要するに西郷はこの時期、詩を書いたり、書を書いたりすることにむしろ情熱をもっていました。

じつをいいますと、西郷は幕府を倒したものの、新国家の青写真をもっていなかったのです。新国家の青写真をもっていた人物は、私の知るかぎりでは土佐の坂本龍馬だけでしたが、この人も、維新前夜にテロルに遭ってこの世にはいません。

——たれか、賢い人はいないか。

西郷は、みずからはひっこんで、そんなことを考えていたのです。こんな革命の成功者は、古今いたでしょうか。

津田出（『和歌山市史』第十巻より）

ところで、ここに西郷の念願に叶うかのごとき人物の評判が東京まできこえてきます。紀州いまの和歌山県の人で津田出《いずる》（一八三二〜一九〇五）という人でした。天才的な経綸家でした。

ここで紀州藩のことをのべておかねばなりません。この藩が、御三家（紀州・尾張・水戸の徳川家）の一つであることは、ご存じのとおりです。将軍家に後嗣が絶えれば、多くの場合、紀州徳川家から迎えられます。江戸時代、五十五万五千石。大藩かつきらびやかな名門ではありましたが、山の多い土地で、財政がゆたかではありませんでした。最後の藩主徳川茂承《もちつぐ》（一八四四〜一九〇六）がえらかったのかもしれません。この人は養子として入りましたが、江戸期の大名で大いに藩政に力をつくした人は、茂承のように養子が多かったのです。

なにしろ御三家ですから、幕末の第二次長州征伐には、幕府から藩主茂承は先鋒総督を命ぜられて広島までゆきました。ただでさえ窮迫している藩財政が、この出費でいよいよくるしいものになった上に、長州征伐のほうも、百姓部隊である長州の奇兵隊にうちまかされてうまくゆきませんでした。藩主茂承は、この広島の前線で、封建制の崩壊を感じて、悲痛な思いをもったようでした。泰平の世なら藩政は門閥家老にまかせておけばよい。いまは眼前に亡びを予感する非常の世である、非常の人事をしなければならない。茂承はそう決意し、国もとへ指令して、津田出を抜擢したのです。

「御用御取次《ごようおとりつぎ》」

という特別職を与えました。

津田はこのとき、年三十四、五です。

かれは、もともと藩主のそば近くに仕えていた教養人でした。荻生徂徠《おぎゅうそらい》の学問、つまり江戸期に、観念論というか、イデオロギーのかたまりのような朱子学を排し、文献や物事を考える上で、事実・真実を見確かめてから考える、いわば合理主義哲学ともいうべき学問の系統を学びました。あわせて、蘭学も学んだのです。かれは和歌山城下にいながらヨーロッパの一隅に生れたのではないかと思えるほどに、時代と風土からぬきん出ておりました。

津田は〝奥祐筆組頭《おくゆうひつくみがしら》〟という、公文書を書く役目の長をつとめていました。この経歴でわかるとおり、津田は、薩摩の西郷のように風浪にもまれて世を生きのびてきた人ではなく、書斎の思索家であり、しかも紀州徳川家という金屏風の中で育ってきた人でもありました。

しかし、勇気はあります。

慶応二年（一八六六）、藩主茂承《もちつぐ》にさしだした〝藩制改革論〟（正しくは「御国政改革趣法概略《ごこくせいかいかくしゆほう》表」。表というのは藩主のみにたてまつる意見書のことです）は、二百七十藩に類を見ない思いきったもので、あたかも藩をヨーロッパの一公国のようにする、というふうなものでした。

幕藩体制の基本は、武士制度にあります。その武士の制度を廃止して、百姓にしてしまい、本来有閑の人であるかれらをして田畑を耕作させる、というのです。武士たちがきけば、ふるえあがるでしょう。

それ以上に武士たちを戦慄させることは、武士たちがバカにして差別してきた百姓を兵にしてこれに洋式調練を施し国家の（この場合の国家は紀州藩のことです）防衛にあたらせるということでした。改革というより、革命といえるでしょう。ちょっとここで申しますが、内臓外科は、外科医という他者がやるべきもので、病人みずからがメスをとって自分の肺臓や心臓や胃の腑を切りとるということはできないものです。しかし、紀州藩は――といっても藩主と津田出だけですが――それをやろうとしたのです。

なぜこれほど切迫していたか。亡びを待つよりも、古びきったみずからの心臓（この場合は武士制度です）を自分でとりだして他の心臓（この場合は、農民です）と入れ代えたほうがよい。まことに物狂いとしかいえませんが、そこまでしようとしたのは、日本がヨーロッパに征服されて植民地にされるかもしれないという、この時代に共通した危機意識があったからです。その危機意識は、それぞれの個性の気質によって、一方では攘夷という排外直接運動になり、一方では、国をひらき、洋式（西欧文明）をとり入れて、技術的に国防を強くする――つまり開国主義になるのですが、根は日本が亡びるかもしれないという危機意識にありました。ただ、藩主徳川茂承《もちつぐ》も、その文書課長である津田出も、一紀州藩の者です。幕府の人間ではありませんから日本の国政をどうこうする立場にない。つまり、前々回でのべた幕府の高官小栗上野介忠順《おぐりこうづけのすけただまさ》の位置にはない。しかし、小栗の気分は、一和歌山県――紀州藩ですが――のものでもあったのです。そのことを理解せねば、幕末も明治国家も理解できません。

ここで、全くの余談を申しあげますが、私の祖父は、私の父親がその人の五十のときの子でありますので、私とは年代がかけ離れていて、幕末にすでに少年でした。播州（兵庫県）の姫路の海ぎわの広《ひろ》という字《あざ》の農家の出で、昭和初年、家屋敷を売って米相場をするために大阪に出てきました。この人は、まったくの攘夷主義者で、チョンマゲを切らず、明治三十八年、つまり日本がロシアの南下という、幕末以来の危機状況を実力ではねかえしたという年、具体的にいえば日露戦争の終了でもってはじめてチョンマゲを切りました。当人にすれば、チョンマゲを切ることは、はなはだ象徴的であったと思います。やっと攘夷がおわったのです。

私の祖父のような、播州の田舎の土民でさえ、時代の危機意識を共有しておりました。まして、

紀州藩主と津田出においてなおさらのことです。藩主茂承《もちつぐ》は、第二次長州征伐からもどってから、

「又太郎（津田出の通称です）、長州の百姓に負けたんだよ。百姓というのは、奇兵隊のことだ」

というやりとりがあったと私は想像します。ついでながら、故貝塚茂樹博士や湯川秀樹博士のお祖父さんは紀州藩士でした。槍の名人といわれて、全軍退却のとき、シンガリをつとめたといわれていまして、貝塚さんや湯川さんは、しばしばこの人の話を私にしました。

さて、藩主茂承のこのことばに対し、津田は、

「百姓にまけたのは当然のことでしょう。永年、封建制のおかげで家禄をついできた武士に気概をもとめることは困難です。百姓に名誉と技術をあたえ、かれらを国を守る基盤にする以外ありません」

といったはずです。ここに、ややいびつとはいえ、平等の意識の芽ばえを見ることができます。もっとも平等の意識と原理がなければ、津田が展開したような藩制改革論は一行といえども成立しませんが、時代というものはおもしろいですね。明治十年前後にスタートする自由民権運動のような形ではありませんが、人民という大地そのものがここで大きくその無言の存在を見せはじめます。沸騰する国際環境のなかで、農民は権力の虜囚《とりこ》、もしくは納税機械であるという存在から、べつなものになろうとしています。しかし、多少の民権を得るまでに、まだまだ年月がかかります。

津田出が藩政の実権の一部をにぎり（国政改革制度取調総裁）かつ右の改革案が家中《かちゅう》に知れわたったとき、当然ながら保守層から反発がでました。

この改革案が提出された翌年（慶応三年十月）藩主は保守派からせまられて津田をやめさせ、かつ自宅に閉じこめ（禁錮）という刑に処さざるをえなくなり、しかもこの処罰の翌日、津田の片腕だった改革派の人物が、登城の途上、白昼襲撃をうけて殺されます。

過激な改革案は潰え、津田は、田舎へひきこもりました。それが、慶応三年の暮のことなのですけれども、その後ほんの数週間のあいだに、時代が、滝壺の水のように旋回するのです。和歌山城下でこそのどかな年の暮でありましたが、京都と大坂の間では、戦争がおころうとしていたのです。京都には薩長軍が陣どり、大坂には徳川軍が大軍をあつめていました。その徳川軍が大挙京へ攻めのぼるという形で北上し、京都の南の鳥羽・伏見で、北上軍を抑えようとする薩長軍と交戦することではじまります。薩長軍は、あらたに加わった土佐藩の部隊を入れても数千でした。ところが、人数の上では数万という圧倒的に多数だった徳川軍が大敗するのです。徳川軍の先鋒だった新撰組も、その得意とする剣術が、薩長の新式銃や大砲の前には役に立たず、また大坂で兵卒をかきあつめた幕府ご自慢の洋式歩兵部隊も、まだ未訓練のために、鳥羽堤の上からころがりおちるようにして敗退しました。先鋒がくずれたために後続部隊がしりごみし、その間、伊勢の藤堂藩の砲兵隊が山崎あたりで寝返ってしまい、寝返りの報が徳川軍全体に過大につたわって士気をうしなわせたのです。

大坂城にいた最後の将軍である徳川慶喜は、敗報がつたわるや、夜陰にまぎれて城をぬけだしました。その親衛部隊さえ慶喜の脱出を気づかなかったといわれています。徳川軍が、十分の戦力をもつにもかかわらず、大坂城にいた慶喜はほとんど数人の者をつれて逃げだしたのです。慶喜は聰明な人で、第一級の人物でしたが、歴史意識が旺盛すぎました。かれは、水戸徳川家の出で、いわゆる水戸学のおろし問屋のような家にうまれたのです。水戸学は、日本的な朱子学です。朱子学の歴史観の骨髄をなすものは、王をとうとび――尊王です――異民族をいやしむ――攘夷です――ということなのです。京都の薩長は、それまで現実の政権や政治とは無関係だった天子を擁しました。慶喜は、もしこれに抗すれば、後世、水戸史観によって自分は逆賊として位置づけられてしまう、と思い、そういう頭の旋回から、みずから転倒したものと私は思っています。

むろん、慶喜自身は、自分の内面についてそんなことはいわず、この間、遁走の理由は沈黙したきりでした。かれは大坂湾に碇泊していた自分の軍艦にのり、江戸へ帰るべく錨をあげさせました。大坂湾におけるその夜、慶喜がつれて出た老中の板倉《いたくら》伊賀守《いがのかみ》勝静《かつきよ》(一八二三〜八九。備中松山藩主)が、〝なぜお逃げになるのです。もっと戦ったら、必ず勝ちますのに〟といいますと、慶喜は、

「わが方に、西郷・大久保のごとき者がいるか」

と、いいました。板倉は、だまってうなだれたといいます。

最後の将軍だった慶喜が、逃げる口実として薩長の「西郷・大久保」という名を出したのは、西郷と大久保にとってこれほどの名誉はなかったでしょう。

が、賢い慶喜は、つねに正直に述懐をのべるとはかぎりません。慶喜は、時勢の奔流に対してみずから身をひいてしまったのです。のちにかれが江戸に帰ってからおこなわれる江戸の無血開城ということも、慶喜としては、ひとすじの主題だったのです。慶喜は、歌舞伎のトンボがえりのように、みずから宙を跳ねてひっくりかえり、敗けの姿勢をとったのです。

さて、紀州の田舎にひきこもった津田出のことです。

かれの村――那賀《なが》郡小倉《おぐら》――は紀ノ川中流の左岸、つまり南斜面にあって、陽あたりがよくて、このためゆたかでもあり、いまもそうですが、むかしから人気《じんき》もいい土地とされていました。庄屋さん以下村役人は村の衆の面倒をよくみて、夫婦仲のよしあしまで心配している。私もこの南斜面の二、三の村を歩いたことがありますが、人の気持の温かそうなところですね。津田家の本家を頼って、身をかくしていたといわれています。この本家の遠祖は、津田監物です。正しくは津田小《こ》監物《けんもつ》算長《かずなが》。戦国時代の史料上の名士としておそらくご記憶があろうと思います。天文年間、鉄砲伝来のときにかかわりのあった紀州の豪族で、津田出の津田家はその傍流といわれています。ともかくも、紀州の庄屋というのは、じつに百姓の面倒をよく見て、ほとんど一体感を感じるほどです。津田出もまたそういう在方《ざいかた》の気風をうけていたでしょう。

鳥羽・伏見の戦は、慶応四年正月三日におこなわれ、薩長土が勝利をおさめるとともに、京都にある新政権はにわかに日本の中心になりました。

といって、政府とは名のみで、一銭の貯えもなく、予算もなく、要するに文なしでした。いまの京都御所がその場所です。

この年の九月八日（まだ旧暦です）明治という年号にあらためられました。明治は以後四十五年つづきます。

さて紀州藩のことです。

津田出を追いだしてから、あっというまに世の中がかわってしまい、紀州藩の保守派は大あわてしました。が、まだ藩はつづいています。

そこで藩主茂承は、もう一度津田出をよび出し、こんどは不退転の決意で藩政改革を命じます。保守派もおとなしくなりました。なにしろかんじんの本家の徳川家が敗北して、紀州藩もどうなるかわからない。そういう呆然とした全藩のショック状態の中で、津田出の藩政改革が断行されるのです。

まず、藩士の給与を思いきってちぢめることです。藩主みずからが自分の取り分を小さくしたために、門閥家老以下もおとなしくそれに従わざるをえませんでした。

藩の官僚制度も、すっかり変えます。才能と能力次第で登用され、門地はモノをいわなくなりました。藩政の最高機関として「政治府」を置きます。近代的ないい名称ですね。その下部に、公用、軍務、会計、刑法の四局をおきます。局は、オランダ語にもあるBureau（英語）という言葉を意識したものでしょう。郡ごとに、民政局を置きました。

さらに学校の制度をととのえます。

軍隊は、陸軍と海軍とにわけ、病院も置きます。傷病になった兵士の面倒を見る廃兵院《アンヴアリッド》（Invalides 仏語）も置きます。陸軍は、軍務局を頂点とし、騎兵・砲兵・歩兵・工兵を置きます。兵士は武士・農民をとわず、二十歳に達した青年から選抜徴兵をし、給料を支給するようにしました。この制度は明治二年二月に出発しますから、明治政府が徴兵制を布いて日本じゅうが反対の気分（明治十年の西南戦争の遠因でもあります）で大さわぎするよりも、三年早かったのです。

おどろくべきことに、明治政府を先取りした小さな明治政府が、明治政府とは何のかかわりもなく、大田舎の和歌山県にできたのです。

また通商省といった「開物局」を置きます。この開物局は、洋式技術や洋式機械による皮革業をおこしたり、靴製造をおこなったり、木綿製造をおこなったりするのです。

ついさきほどまで御三家の一つの紀州徳川家だったこの藩が、いきなりかがやかしい新時代の政体を持ち、小さな新文明の国家を出発させたのです。

「津田出」

というのは、それまで世間ではまったく無名でした。

——おもしろいから見学しようじゃないか。

と、すこし後の話なんですが、アメリカ、イギリス、ドイツといった各国の外交官が和歌山県にやってきて見学します。東京へ移った新政府でも、これがうわさになりました。

今回は、余談が多いのですが、津田出は、洋式陸軍をつくった以上、やはりヨーロッパの軍人を教官に傭いたかったのです。

この点、旧幕府は大したものでした。むかし長崎に海軍伝習所をつくったとき、オランダ政府に教官の派遣を乞い、それによってカッテンディーケ少佐のように、のちにオランダの海軍大臣になるようなよりぬきの俊秀を教官としたのです。また旧幕府が洋式陸軍をつくったとき、フランス皇帝（ナポレオン三世）のとくべつのはからいで、すぐれた将校たちをよびました。

が、いかんせん、和歌山は日本政府ではないし、田舎でもあります。だれをどのようにしてやとってていいかわからずにこまっているうちに、大坂の居留地である川口のドイツ系貿易商レーマン・ハルトマン商会の倉庫番が、なんでも軍人あがりだということで、よんできたのです。

カール・カッペン（一八三三〜一九〇七）という人でした。

じつは、ドイツも、明治維新よりすこし遅れるものの、プロイセン主導によるドイツ統一が進行中でした。カッペンという男はプロイセン人ではなく、小さな公国の出身でした。ハノーファー（Hannover）という人口五十万ほどの公国で、いわば和歌山県のような国でした。日本の慶応二年（一八六六）に、プロイセンが、この小さな公国を合併しました。そこを故郷としていたカール・カッペンはおもしろくなくて、軍籍を脱し、はるかな日本の大坂まできて、倉庫番をしていたのです。将校ではありません。軍隊生活十六年という老練の特務曹長です。つまり下士官です。

すこしくわしくいいますと、紀州藩——まだ和歌山県になっていません——は、カール・カッペンがつとめるレーマン・ハルトマン商会から、ツンナール銃を紀州陸軍用として購入していたのです。この銃は、アメリカ人のスナイダー（一八二〇〜六六）が発明した装塡式ライフルのスナイドル銃と同じ形式で、幕末のぎりぎり、各藩ともほしがった銃でした。

「教官としてヨーロッパの軍人を見つけたいんだが」

と、紀州の買付け係の役人は、商人のハルトマンに相談したのでしょう。

「うちの倉庫にいるよ」

あいつは十七のときに軍隊に入って十九年もそこのめしを食っていた人だから何でも知っているよ、といったふうなぐあいだったのでしょう。

老いたる下士官カール・カッペンは、このようにして紀州藩の教官になりました。大変高い給料で、ほんの二年間——つまり紀州藩が和歌山県になってしまう(廃藩置県。一八七一)までのあいだのことですが、粉骨砕身、紀州藩陸軍のために働きました。かれは故郷にかえって、軍人募集をしました。そこで、五人の軍事教官(軍医一人をふくむ)をあつめました。かれはなお故郷に残って兵器などをあつめ、五人の教官を先発させました。かれら五人は明治四年(一八七一)十二月に横浜港に上陸します。ざんねんながら五カ月前の七月に「廃藩置県」の大号令が出て、藩は廃止、紀州藩は消滅してしまっていました。

紀州藩のあとをついだ和歌山県はカッペンとこの五人の始末にこまり、なんと計三万数千ドルという気の遠くなるような破約金を払って、ドイツに帰ってもらいました。カッペンはこの大金のおかげで遊びくらしたといいます。おとぎ話のようなはなしです。

このように、ながながと述べてきましたのは、津田出が、このあと新政府によばれて東京へ出て来、番町の旧旗本屋敷に入った直後のことをのべるためです。

革命の最大の領袖である西郷隆盛がわざわざ津田の屋敷をたずねてきたのです。

西郷という人は、物事の方法を、つまり――どういう政府をつくるべきか――そういうやり方をこまごまと他にたずねる人ではありません。人の話をよくきき、そういう話をするこの人物はどんな人物か、新政府をまかせてよいか、まかせるならすっかりまかせよう、そういう人です。

つまり、津田出から、政府のつくり方のknow-howを津田にききにゆくなら、西郷は、下の人にまかせます。西郷は、本気で、自分より身分の下の人のほうが賢いと思っていた人です。ただ、事にあたって、無私であるのは自分だと思っていたために、人の上に立っていただけです。無私、これは栄達についての無私、あるいは進退についての無私、さらには生命についての無私。西郷はそういう巨大な無私をもち歩いていた人でした。無とか空という古代インド的概念は、数学でいうゼロのことです。ゼロはすべてのプラスとマイナスの数字を生みます。古代インド人は、これをキリスト教の概念でいえば神だと思っていました。そして人間は、努めれば空――無もおなじ意味です――になりうると思ってもおりました。西郷は仏教徒とはいいにくい人でしたが、天性の上に、そのような心をもつように自分でつとめておりました。宗教者とはちがい、俗人であるかれの年少のときからの望みは、大事をなしたいということでした。これが、西郷の唯一のとらわれだったでしょう。その大事をなすためには、自分は、他より学力、智力、体力があるいは劣るかもしれぬ。しかし、自分自身を空にしてしまえば、力があり、学問があり、智力があるひとびとがたくさん寄ってきてくれて、自分をたすけてくれるのではないか。ちょっとここで念を入れておかねばなりませんが、大事ということと功業——手柄をたてて後世に名を残したり、現世で栄達したりすること——とは全くべつのものです。大事と功業は、幕末の沸騰期には、奔走するひとびとによくつかわれていたことばです。長州の思想家吉田松陰も——この人は幕末の動乱の初期に刑死するのですが——このことばをつかいました。小利口で打算的で命を惜しもうとする弟子達を皮肉って〝諸君は功業をなしたまえ、僕は大事をなすのだ〟というわけで、西郷というのは、〝大事〟をかついで、空というもので歩いている古今類《るい》をみない一大専門家でした。

こんな人が、大きな体を運んで、番町の津田出の所に訪ねてきたのです。

ここで余談をのべますが、西郷は他人に対してはお行儀のいい人で、およそ尊大なところのない人でした。おそらく、体をちぢめ、両ひざを正しく折って、津田という、本来薩長の敵であった紀州徳川家の元重臣の前に出たでありましょう。

津田のほうが、こういう場合、ちょっと尊大ではなかったかと心配するのです。津田は筋目の徳川侍でなく、先祖代々根っからの紀州人でした。戦国の紀州人は〝雑賀《さいが》一揆《いつき》〟でもわかりますように、日本にはめずらしいほどの一階級意識が、戦国のむかしから風土として息づいておりました。上も下もあるか、という性根のすわった土俗的気風が、この場合の津田にもあったかもしれません。

西郷は津田の話をきいて、すっかり感動してしまうのです。

かれは、この人だ、と思いました。

じつをいうと、明治国家の初期の機構は、革命政権とはとてもおもえないほどに、古ぼけたものでした。

政府のことを、

「太政官《だじょうかん》」

と称していたのです。奈良朝・平安朝の律令制《りつりょうせい》のことばです。国際社会に船出せねばならない新政府が、『源氏物語』に出てくるような官制を称したのです。官制も、おおむね古風で、財政を担当する者は大蔵大輔《おおくらだゆう》とか、その下を大蔵少丞《おおくらしょうじょう》とか、まことに古めかしいものでありました。

これには事情があります。

幕末の倒幕のエネルギーは、攘夷からおこったことはいうまでもありません。

「開国」

なんてのは、イデオロギーとしては弱いです。開国は理の当然で、正しくかつ常識的なありかたですから。正しくて常識的でたれでももっともだというスローガンは、革命的ではないのです。それは、液体でいえば、水です。水は、生きるのになくてはならないものです。しかし、革命というのは、みんなが酔っぱらわなくてはならないものですから、水ではどうにもならなくて、強い酒を必要とするものなのです。

革命とは本来、常にあらざる――非常の事態です。一民族の長いいわば千年の歴史で、革命を一度やると、〝あれはすばらしかったが、しかし二度とはごめんだ〟というものです。オランダにおける市民革命、イギリスにおける清教徒革命と名誉革命、フランスにおけるフランス革命、アメリカにおける独立戦争と南北戦争、ロシアにおけるロシア革命、それらは中世もしくはもっと以前からの社会の累積と継続に社会そのものが耐えられなくなって、――つまり人間が、過去からの社会のために不幸になるばかりだという過去からの因縁のかさなりが全身ガンのようになってしまって、細胞を新たにするためにおこさざるをえないものです。

そういう革命によって、その期間、人間は狂気にならざるをえません。そのためには強い酒――つまり異常なる正義――が必要です。

たとえば、十七世紀の清教徒の大親玉であるクロムウェル。英国史上、悪魔のごとき独裁者でした。かれもかれの手下も、カトリックは悪魔だと思いこみ、となりのカトリック国のアイルランドに攻めこみ、手あたりしだいに坊さんや尼さんや農民の首を切って、その連中の土地を自分のものにしてしまうのです。それが、革命の正義でした。まともなことではありません。

しかし、一つの民族は、一度はやります。二度とはやりません。ただし、年中、革命やクーデターをやっている国がありますが、これはまたべつの物指しで計るべきもので、この場合の論旨とは無縁です。

ともかくも、日本の幕末における、

「攘夷」

こういう強烈な酒でもってやらねば、国が細胞まで新品にうまれかわる、というようなことができなかったのです。攘夷というのは、日本にやってきた西洋人を殺すことです。その西洋人が怒って大挙攻めてきたら、こっちは刀と槍とでもって戦う。勝とうが負けようが、国土を血ぬらして戦う。勝敗はべつ。いわば宗教的なもので、というより宗教そのものでした。ひとびとは酩酊しなければならないのです。酩酊しない宗教というのはありえません。

幕末、そういう意味での宗教意識に、二通りありました。

攘夷をして、何を守るか、ということについての意識です。大多数の革命的教養人は、

「国是である鎖国を守るべし」

と叫びました。おおかたの長州人は、初期においてはそれでもって奔りまわっていましたし、その意識が国をおおっていました。

じつをいうと、江戸時代は教育の時代だったとはいえ、幕府の学校もどの藩の学校も、日本史という教科がなかったのです。

歴史といえば中国の古代史を学んでいました。『春秋左氏伝』『史記』『十八史略』『資治通鑑』……そういった本です。

いまから思っても当時のひとびとは、中国古代史にはくわしかったですね。大ていの事例、人物評などは、中国の史実や人物伝をあてはめて、比喩としてつかいます。その比喩が通じなければ、教養上の公民権を得ません。もっとも、独立国としてあまり自慢になることじゃありませんけれど。

むろん日本史の編纂は、水戸徳川家という、特別なイデオロギッシュな家でもって、大がかりに編纂されていました。一六五七年にはじまって、幕末においてもう二百年以上もつづいているのです。その継続の情熱には後世の者として尊敬のほかありませんが、なにしろ研究所的な仕事でありますから、一般にその成果が公開されてゆくというものではありません。それに、史料の収集や史稿の校訂、史実の考証にはすぐれています。しかし惜しいことに、名分をあきらかにするという朱子学的イデオロギーでつらぬかれているものですから、後世大いに役に立つというものとは言いがたいのです。

もう一つ、在野の人が編んだ日本史の通史がありました。在野の史書ですから〝外史〟といいます。江戸末期の頼山陽の『日本外史』です。浩瀚《こうかん》なものではありませんので、手軽に、ひろく読まれました。幕末のベストセラーでした。

いっておかねばなりませんが、日本における日本史のふるい史書は、たいていの国より多いかと思います。平安朝のころに『大鏡《おおかがみ》』があり、十四世紀には『増鏡《ますかがみ》』があります。物語性のつよい『平家物語』や『太平記』があり、いちいちあげるのは大変です。戦国から江戸時代にかけて、大名の家の興亡記や、その他さまざまな記録があり、日本史の研究者は、とくに中世末期からの記録の多さにこまっているほどです。

しかし、言語的造形性のたかい通史としては『日本外史』だけです。

『日本外史』も『大日本史』と同様、朱子学的名分論でつらぬかれていますので、幕末の状況でいえば、幕府否定になります。天皇家に政権をかえすことこそ大義名分になる。そのような読まれ方をして、大いに幕末的イデオロギーの燃焼力を高めました。

しかし、――話がもどるのですが――鎖国というものは、日本の古来の国是であったかのように、志士たちは思ったのです。

というのは、『日本外史』は幕府をひらいた徳川家康までが書かれていて、それでおわっているのです。徳川将軍の三代目の家光の代にカトリック（キリシタン）の侵略性をきらって鎖国をした、ということは書かれていないのです。攘夷論者はすなわち鎖国継続論者です。同時に、多

くの場合、倒幕論者です。かれらは、幕末のぎりぎりに、

――鎖国は、日本古来のものでなく、徳川幕府がその初期にとった国是にすぎないものらしい。

という、いまなら、中学生のすみずみまで知っている簡単な事実に気づきます。地球は昔から太陽のまわりを動いているのですが、それを発見した十六世紀の天文学者コペルニクスの説ほどの、これは驚きでした。それを知らずに、幕府に対して、国を鎖《とざ》せとざせとむりやりに要求しつづけていた攘夷的革命論者は足もとをすくわれたのです。革命期には、無知や妄信のほうが、エネルギーになるという一事実です。

これと、倒幕もしくは、幕府否定論者の何%かの流れ、又は集団をなしていたグループに国学派がいます。

国学というのは江戸中期からおこったあたらしい学問です。漢学とか洋学とかに対して、国学とよばれます。古い時代の日本の国史をしらべる。『源氏物語』など日本文による古典を研究する。また日本のシキタリや服制についての考証（有職故実《ゆうそくこじつ》）をやる。この学問は、賀茂真淵や僧契沖、本居宣長といった容易ならざる天才たちを出しています。

それらが、多少宗教性のつよい平田篤胤《ひらたあつたね》にいたって、神道主義が濃厚になり、復古主義、国

粋主義がつよくなります。さらに、江戸末期になりますと、全国津々浦々の富農・富商階級つまりブルジョワジーの教養としてひろがってゆきます。国学をやらないのは、歴としたブルジョワジーではないというふうにまでなります。幕末、かれらの一部もまた、国学の立場から倒幕運動に参加しました。

侍階級はあまり国学をやりませんな。長州の代表格の木戸孝允も、薩摩の西郷・大久保も、国学とは無縁です。かれらは、国学者たちを、なんだか神主さんのような人達だとぐらいにしか思っていなかったでしょう。

しかし国学もまた倒幕エネルギーでありましたので、新政府はこれを鄭重に扱わねばなりません。

そこで、新政府は、

「神祇官《じんぎかん》」

というものを設けたのです。神祇官は奈良朝時代からあって、祭祀をしたり、卜占《ぼくせん》――うらない――をしたり、鎮魂《たましずめ》をしたりする役所がありますので、これは維新早々の復古現象のなかでも、最《さい》たるものです。この神祇官が、やることがないので、明治国家初期の最大の失政であるお寺こわしをやります。仏教も外来のもので、日本古来のものじゃない、という珍妙な文化大革命（新中国の政治史用語です）です。廃仏毀釈というもので、まことにバカなはなしです。革命はよっぱらいですから、平時には考えられない大愚行がつきまとうのです。

この神祇官は、はじめは太政官の一部局でしたが、ほどなく、太政官より上に置かれて、太政官の拘束をうけない、超然たる超権力になります。

しかし、さすがにそういうことの愚かしさに気づいて、神祇官という役所は、わずか三年あまりで、廃止になり、消滅します。

さてさて、余談から余談へ、長かったですね。しかしこれらは、明治元年から四年までの明治国家の重要現象ですから、決してむだばなしではありません。

要するに、薩長という明治維新勢力は、革命政権についてなんのプランももっていなかったということなのです。

プランをもっていなかったということで、西郷と津田出のことを、私は持ちだしたのです。それを言いたかったために、津田出に登場してもらったのです。

西郷はプランがないために弱りきっていたところでしたから、津田のもとから帰ってくると、めずらしく昂奮していました。盟友の大久保にもそのことを語ります。ついに、西郷は、

「われわれが津田先生を頭《かしら》として仰ぎ、その下につこう」

と、いいます。

西郷のすばらしい一面だと思います。

同時に、明治維新勢力が、どんな新国家をつくるか、という青写真をもっていなかったことをもあらわしています。もっていないのがあたり前ですね。まったく文化の質のちがう日本が、にわかに欧米と出くわして、それから侵されることなく、それらとおなじ骨格と筋肉体系をもった国をつくろうというのですから、これは、青写真があるほうがおかしいのです。日本のような国が他にあって、それが先例になっていたとしたら、べつですがね。

サンフランシスコで撮影された岩倉使節団（左より木戸孝允、山口尚芳、岩倉具視、伊藤博文、大久保利通）

さっぱりわからないため、いっそ外国を見にゆこうじゃないか、ということで、廃藩置県がおわって早々の明治四年秋、岩倉具視を団長（正しくは全権大使）とする五十人ほどの革命政権の権官が、大挙欧米見学に発ちます。

「国家見学」

というべきものでした。世界史のどこに、新国家ができて早々、革命の英雄豪傑たちが地球のあちこちを見てまわって、どのように国をつくるべきかをうろついてまわった国があったでしょうか。

これは、明治初期国家の、好もしい子供っぽさでした。この中に長州の総帥木戸孝允もいます。薩摩の大久保利通、また伊藤博文もいます。

西郷は、留守番でした。

かれが津田出に会ったのは、岩倉使節団が出発する前かあとか、よくわかりません。大久保が東京にいるころですから、やはり出発する前でしょうか。

あれだけ西郷が昂奮したのに、津田を首領にすることは、花火のように消えてしまうのです。

理由は、さまざま考えられます。よくいわれていることは、津田がすこし公金についてルーズということでした。西郷は、なによりもきらいなのは、汚職というものでした。

津田が汚職をする人だということではありません。おそらくそのように話を作った薩長人がいたのでしょう。自分たちがせっかくつくった新政府を、そっくり紀州出身の無名人にさしあげてしまうというのは、薩長の二流人士にとってはたえがたいことだとおもって中傷したのかもしれません。

それらの詮索はどうでもいいことです。

今回は明治国家がプランなしだったということを知ってもらえば、私のこの回の主題は完結します。

第五章

廃藩置県——第二の革命

私は、明治国家というものを一個の立体物のような、この机の上に置いてたれでもわかるように話したいのです。はじめて出会った外国の人に説明しているような気持で話そうと思っています。

明治四年（一八七一）の廃藩置県。この日本史上、最大の変動の一つについてお話します。これは、その四年前の明治維新以上に深刻な社会変動でした。

同時に、明治維新以上に、革命的でもありました。

大変なものでした。日本に君臨していた二百七十の大名たちが、一夜にして消滅したのです。士族——お侍さんですね——その家族の人口は百九十万人で、当時の人口が三千万としますと、六・三％にあたります。これらのひとびとが、いっせいに失業しました。

革命としかいいようのない政治的作用、外科手術でした。これが他日、各地に士族の反乱をよび、また西南戦争（明治十年）という一大反作用《リアクション》を生む撓《たわ》みになりました。ところが当座はじつに静粛におこなわれました。

静粛といっても、無事ということではなく、火薬庫からおおぜいで火薬を運びだすような危険を孕んでいたことはいうまでもありません。深夜、作業員たちが、火気を厳禁しつつ、粛々と、火薬を運びだす光景を思わせます。一つまちがえば大爆発をおこすのです。ぶじ、運びだされました。

反乱という爆発は、後日おこります。ただし今回はその爆発については述べません。

大名や士族にとって、廃藩置県ほどこけにされたことはありません。

明治維新は、士族による革命でした。多くの武士が死にました。この歴史劇を進行するために支払われた莫大な経費——軍事費や、政略のための費用——はすべて諸大名が自腹を切ってのことでした。

そのお返しが、領地とりあげ、武士はすべて失業、という廃藩置県になったのです。なんのための明治維新だったのか、かれらは思ったでしょう。

大名・士族といっても、倒幕をやった薩長をはじめいくつかの藩、もしかれらだけが勝利者としての座に残り、他は平民におとすというのなら、まだわかりやすいのです。しかし事実は、勝利者も敗者も、ともに荒海にとびこむように平等に失業する、というのが、この明治四年の廃藩置県という革命でした。

えらいことでした。

要するに、武士はいっせいにハラキリをしましょう、ということでした。

——たれが決めたんだ。

ということは、おいおいお話しします。要するに、武士層が、自分で自分の手術をしたのです。

むろん、失業した元武士にはお手当は出ます。でなければ、かれらは餓死してしまいます。

大名に対しては、その家禄の十分の一を支給する。毎年です。これはわりあい分《ぶ》がいいのです。

そのことはあとでのべます。

ただの侍は大変です。ざっとしたことをいいますと、他に転業するための資金が要るだろうということで、禄高の数年分に相当する現金もしくは公債を、政府は一時的に支給します。それっきりです。ただし士族の転業など、めったにうまくゆきません。〝武士の商法〟などということばがはやりまして、うまくゆかないことの比喩につかわれました。商業に手を出した人は、たいてい右の一時金をつかいはたしてひどい目にあいます。江戸期からひきつがれてきた公娼の町「吉原」に、身売りをした旗本のお姫《ひい》さまが花魁《おいらん》として出ている、などといううわさが、巷に絶えませんでした。

思いつくままに、例をあげます。

いまは大阪府になっている堺は、当時、堺県でした。この中世に栄えた海外貿易の港町は、江戸時代にはだいぶさびれていましたが、それでも幕府はここを直轄領にして、堺奉行所という小さな総督府を置き、武士を配置していました。明治後、ここの知事として薩摩出身の税所篤《さいしょあつし》が行政の衝にあたります。

この税所の堺県は、士族を救済するために、考えられないことをしました。ここの浜には、高《たか》師《し》ノ浜というのがあって、古くからの松原があり、まことに白砂青松ということばのとおりで、平安時代からの和歌の名所でもありました。江戸幕府は高師ノ浜の名勝を保護しておりましたが、堺県では士族をすくうために背に腹は代えられず、松原を伐採して薪として売りだすことをやりました。こういうことを、当時のことばで〝士族授産〟といったのです。授産というのは、手に職をつけさせるというか、あるいはひろく食ってゆく道をおしえるということです。名勝の松原を伐って薪にするというのが、授産でしょうか。思いついた堺県知事の税所篤からして武士ですから、生業《たつき》の道についてはろくな知恵はありません。もっとも、名勝を薪にしてしまうというのはあまりにも暴挙だというので、半ばまで伐ってあとは沙汰やみになりましたが。

公債をあつめて小さな銀行をたてさせるということも、政府は指導しました。これも、うまくゆかず、倒産してしまったところが多かったようです。商業や工業をめざした場合もほとんど失敗しました。農業にむかった場合は成功した例がわりあいありました。

明治期、その若い晩年、病床にありながら俳句・短歌の革新をした正岡子規（一八六七～一九〇二）は、幕末もぎりぎりの慶応三年のうまれです。伊予松山藩十五万石の藩士正岡隼太《はやた》の長男でした。隼太は士分のぎりぎりの最下級の大小姓《おおごしよう》という身分で、家禄はわずか十四石でした。それでも、明治八年に一時金千二百円をもらっているのです。当時としては大きな金です。もらったとき父隼太は死没していて、子規が少年の身ながら家督を継ぎ、幼くして当主でした。この千二百円は、母方の実家が管理してくれました。子規が東京の大学在学中までこの金はつづきました。が、子規が新聞社につとめるや、母と妹がたまりかねるようにして東京に出て同居します。もう金は尽きていたのです。

廃藩置県後の子規の家は、じたばたせずに、子規が収入を得る身になるまで、その母と妹は、貧しさにたえるという暮らし方をとりました。子規が少年のころ、漢学を学んだ同藩の土屋久明という旧藩士がいました。この人も、なにもせず、〝家禄奉還金〟とよばれた一時金を、食いつぶした上で、覚悟の餓死を遂げたといわれています。久明はつねづね〝殿様から頂戴したお金がつきるまで生きる〟といっていたそうで、その餓死は、いかにも武士らしい死に方だと思います。

おなじ藩士でも、子規の家はまだ高等官——つまり士分——だったから一時金もなかなかのものだったのですが、のちに日露戦争に登場する秋山好古《よしふる》（一八五九〜一九三〇）真之《さねゆき》（一八六八〜一九一八）の兄弟の生家秋山家は、お徒士《かち》という、いわば下士官の家で、石高はわずか十石、奉還金は千円にも満たなかったといわれています。ただ当主の父久敬が多少学問のある人だったので、県の学務課に職を得、下級の職員としてわずかでも給料をえていたものですから、餓死をまぬかれました。

しかし子供の学費までは出せませんでした。このため好古は、明治七年に開校された松山中学校には入ることができませんでした。中学生年齢のころ、好古は銭湯の風呂焚きをしていました。その銭湯というのも、戒田という旧藩士が開業した風呂屋で、風呂焚きの日当は、天保銭一枚という安さでした。もっともこの天保銭は本を買うためのもので、家に生活費として入れるというほどには秋山家は窮迫していませんでした。その後、好古は、師範学校から陸軍士官学校へと授業料および食費の要らない学校へ進みます。

好古が陸軍中尉になったころに、弟の真之を東京によんで大学予備門に通わせます。真之は正岡子規とともに東京大学のジュニア・コースに入るのですが、好古は、途中、当時築地にあった海軍兵学校に転校させるのです。兵学校は、授業料その他が無料だったからです。

私は、かれらの事歴について語っているのではありません。

廃藩置県で、いかに士族が窮迫したかをお話しているのです。さらには、士族の子弟はみずからを救済する道として、学校を選んだということに注目したいと思います。日本人の学校好きというのは、江戸時代よりも、廃藩置県後の士族――国民の七％前後の――という階層の共通した癖《へき》でありました。〝勉強をすれば食える〟というふしぎな信仰が、かれらの活力源でした。

秋山家の場合、弟の真之がうまれたとき、両親が〝とても養えないから、お寺にでもやってしまおう〟と話していたのを、すでに十歳になっている好古が耳にし、両親に、

「赤ん坊をお寺にやっちゃイヤぞな。追っつけ、うちが勉強してな、お豆腐ほどお金をこしらえてあげるぞな」といったといわれています。勉強すれば、なんとか食ってゆけるというのは、十歳のこどもにまで浸みこんでいたのです。

こういう気分のせいで、一九二〇年代のはじめ――大正時代いっぱい――ぐらいまでの日本の官界・学界といった学歴社会は、ほとんど士族出身者で占めていました。その理由は、士族には学問をするという、家中《かちゅう》や個々の家々の文化があったこと、廃藩置県によって、勉強をして学校へゆく以外に自分を窮状からすくいだす道がないとされたことからくるエネルギーだったのでしょう。これが大正の末期ぐらいになって、ようやく町家や農家に影響しはじめたと見てよいと思います。そういう意味における限りの〝江戸時代〟は、大正になっておわったのです。

このように社会における多数の層が学問をするという現象は、ヨーロッパにもなく、中国や朝

鮮にもありませんでした。中国・朝鮮では、天才的な人だけが科挙の試験をうけて、貴族としか言いようのない身分を得ます。日本の場合は、そんな大そうなものではなく、ただの人が勉強することによって、教員になったり、県庁の役人になったりすることをねがうのです。中国の場合、王朝時代から近代さらにいまにいたるまで、伝統的に中間管理職が不足している社会、いまでもそのことに中国はこまっていますが、日本の場合、いまなお中間管理職で充満している社会だということからみても、右の事情となにか符合します。

さて、明治四年の廃藩置県を語らねばなりませんが、もうすこし士族が没落と、そこから個々でかれらがなんとか這いあがってゆく事例にふれたいと思います。

『荒城の月』の作曲者である滝廉太郎（一八七九〜一九〇三）のことです。

ご存じのように、滝廉太郎は、日本の近代音楽の歴史のなかで、最初の作曲家というべき人で、天才としか言いようがない、というのが、定説のようです。

ただその生涯はわずか二十四年と十カ月、肺結核によって世をさりました。ドイツ留学時代の写真を見ますと、日本人にしてはやや長身、それに痩軀、まことに端正な、いい顔だちの人ですね。

豊後《ぶんご》、つまり大分県の出身です。別府湾が大きく割れこんでいる、その北岸に、日出《ひじ》という小さな町があります。江戸時代、木下氏二万五千石の小さな城下町でした。城持ち大名としては最小の藩でした。城というのは別府湾の崖を利用して築いたもので、小規模ながら、古風な石垣をもっています。野面《のづら》積みという粗々《あらあら》しい積み方です。かっては三層の黒っぽい天守閣もあったのですが、廃藩置県ののち、新政府によってこわされました。不平士族がこれに拠って反乱することをおそれたのです。本丸は崖の上にあって、その下はいきなり海です。その崖下にあつまるカレイが「城下カレイ」とよばれて、フグの刺身のようにして薄切りにするとうまいということで、よく知られています。

滝家は、廉太郎の祖父の代から、この小さな大名の仕置《しおき》家老――門閥でなく能力を買われてなった家老でした。石高は二百石、小藩《しょうはん》の二百石ですから、大したものです。廉太郎の父の吉弘は有能な実務家で、新政府からその能力を買われて、大蔵省、内務省の下級官吏になり、のち県に出向し、晩年は故郷の大分県に帰り、竹田の町にすんで郡長をつとめておりました。維新によって没落をまぬがれただけでなく、なんとか世を渡って行ったほうに属します。廉太郎が音楽のような分野にゆけたのも、こういう家に育ったからでしょう。

かれが、幼年期と少年期をすごした豊後の竹田城は、岡城ともよばれていて、城郭研究をするひとびとに評判のいい城です。熔岩台地をくりぬいたような小盆地の中に、城も城下町もあります。この城も、廃藩置県のあと、明治政府がおそれてとりこわしてしまいました。惜しいことでした。戦国期に摂津（大阪府）にいた中川という七万石の大名の城で、その規模と堅牢さは三十万石の大名の城だといわれたものでした。

天守閣は三層でしかありませんが、櫓《やぐら》がまことにゆゆしげです。とくに月見櫓という印象的な名前の櫓があります。滝廉太郎が作曲した『荒城の月』は、仙台出身の英文学者の土井《どい》（つちい）晩翠の作詞で、その第一節が、「春高楼の花の宴、めぐる盃かげさして、千代の松が枝わけいでし、むかしの光いまいずこ」とありますが、滝廉太郎の子供のころ、月見櫓はすでにとりこわされて存在しなかったとはいえ、かれが土井晩翠のこの詩を読んだとき、その脳裏に湧くようにあらわれたのは、豊後竹田の古城だったのでありましょう。さらにいえば、東北人である土井晩翠のイメージにあった荒れにし城とは、故郷の仙台の青葉城よりもむしろ、旧制二高生のときに訪れた会津若松の鶴ヶ城であったと晩翠は回想しています。戊辰《ぼしん》戦争のとき、佐幕派代表のような貧乏くじをひいて戦った鶴ヶ城とその侍どもの拠り処こそ、荒城の名にふさわしかったかもしれません。

この詩人と音楽家の二人の想念にあらわれた〝荒城〟は、いずれも、明治四年の廃藩置県のあとの数年のあいだにこわされた城どもであります。

日本人は、ながい江戸時代、二百数十に割拠していた藩とともに生きてきました。その時代は、廃藩置県により、城々とともに去りました。

滝廉太郎は、東京麹町の尋常小学校を出、十四歳とともに一家をあげて竹田に移りました。そして、竹田の高等小学校に入ったのです。すでに滝少年はヴァイオリンをもち、アコーディオンをもっていました。また学校そなえつけのオルガンを弾くことは、滝にのみゆるされていました。十六歳という最少年齢で東京音楽学校（東京芸大）に入り、二十二歳明治三十三年、研究科のときにドイツ留学を命ぜられます。

それよりすこし前、東京音楽学校は「中等唱歌集」の編集をくわだて、まず作詞を文学者たちに依頼し、できあがった作詞を学校の責任のもとで作曲したのです。『荒城の月』の作曲は、研究生滝廉太郎に命ぜられました。

かれの留学先は、ライプツィヒ（Leipzig）の音楽学校でした。この町は、いまは東ドイツに属し（一九八九年当時）、中央ドイツ最大の都市で、市内には古い城壁の一部が残っています。

かれは、この中央ドイツの都市の下宿で、学校関係の人か、あるいは下宿の女主人か、いずれにせよドイツ婦人に求められて『荒城の月』をひき、感心させたといわれています。異境の地で、しかもその翌々年に死ぬ身で、異郷の町で、一婦人をただ一人の聴き手として『荒城の月』をひいていた情景を思うと、胸がつまりそうになります。

このくだりは、滝廉太郎を語るのが目的でないのですが、かれもまた廃藩置県によって全国的に陥没した武士階級の出身であることはまちがいなく、かれが作ったその曲に、その階級の象徴である城への思いがこめられていなかったとするほうが不自然というものでしょう。『荒城の月』は「天上影は替らねど栄枯は移る世の姿」という詞がありますが、旧藩時代への挽歌、悼歌、哀傷歌、もしくは廃藩置県前後の鎮魂の歌とみていいのかもしれません。

さて、廃藩置県です。クーデターあるいは第二の革命ともいうべきこれほどの政治的破壊作業——むろん建設を伴いますが——が、被害をうける——抹殺されるという被害です——大名の側に一例の反乱もなくおこなわれたのが、ふしぎなほどでした。

廃藩置県のような無理が通ったのは、幕末以来、日本人が共有していた危機意識のおかげでした。幕末以来、日本が侵略される、とか、植民地にされる、亡ぼされる、という共通の認識と恐怖がいかに深刻だったか、またその即物的反発としての攘夷感情、その副産物としての日本国意識(国家を、砕片の藩として見ず、日本国全体を運命共同体としてみる意識)がいかにつよかったか、そういう一国を覆いつくしている共通の感情を考えねば廃藩置県は理解できません。だから無数の被害者たち、それも武力を持った被害者たちが、頭《こうべ》を垂れて黙々とこれに従ったのです。それを思うと、当時の日本人たちに、私は尊敬とともに傷ましささえ感じるのです。

じつをいうと、戊辰戦争で、新政府軍が——実質は薩長土肥その同調の諸藩——勝ったあと、しばらく虚脱状態に似た、勝利者たちが野原でぽかんと青空をながめているような時間が、二、三年つづきました。なにをしていいのかわからない。〝維新の虚脱〟と名づけてよいかと思います。

第一、中央政府などといっても実体がまことに稀薄でした。

職員は、各藩からの出向藩士です。とくに新政府が京都御所にあったときは、一文もないので、京都での新政府は本願寺などから献金をあつめてその日ぐらしをしていました。

戊辰戦争などといいますが、新政府に軍隊があったわけでなく薩長土肥の軍隊のもちよりで、そのオーナーは、各藩主でした。軍費さえ新政府になく、薩長土肥四藩においてそれぞれ十万円ずつ醵金《きょきん》して出かけたのです。また三井組、小野組などの豪商をおどして、かれらから借金をしました。明治元年から四年までにかれら豪商から借りた金は、六百九十三万円でした。それはむろん、数年して紙幣の形でかえしました。紙幣というのは印刷物です。押しつけたのです。かれらはうれしくなかったでしょう。

政府の根拠をなすものは、なんといってもカネと軍隊です。それが新政府にはない。

軍隊のほうは、戊辰戦争が終って東京に凱旋しますと、それぞれの国へ帰ってしまう。明治二年ぐらいの段階で、東京に残っていた軍隊というのは、長州兵一個大隊だけだったという資料もあります。まことに革命政府らしからぬ、うそのような話です。

この間のことで、ちょっとした人間的な情景をもうしあげます。

薩摩の人山本権兵衛（一八五二〜一九三三）。この人は、明治海軍の建設者で、プロ野球ふうにもうしますと、名オーナーというべき人でした。日露戦争の勝利を決定付けた日本海海戦は、パーフェクト・ゲームでしたが、そういうように綿密に建設し、計画し、さらには名人事をおこなったという点で、巨人としか言いようのない人です。

かれが、戊辰戦争で、薩軍の兵士として東北などを転戦したときは、満年齢で十六歳ですから少年兵というべきでしょう。同藩の友達に、日高壮之丞（一八四八〜一九三二）という人がいて、仲よしの戦友でした。この日高ものちに海軍に入って海軍大将になります。この二人が凱旋して東京に帰ってきますと、藩兵は解散です。凱旋と同時に失業です。何をして食っていっていいかわからず、いっそ相撲取りになろう、と申しあわせました。

相撲は、いまでこそ国技として大変なものですが、当時の社会通念として、武士の家にうまれた者が相撲とりになるなど考えられません。が、この二人は食ってゆく道はそれしかない、と思い、陣幕という関取を訪ねます。陣幕久五郎（一八二九〜一九〇三）第十二代の横綱です。この人は出雲の人ですが、大変強かったものですから、大名の抱《かか》え力士になりました。お抱えというのは、ひいきという以上の意味があります。安政年間では阿波の蜂須賀侯、ついで出雲の松平家、幕末では薩摩の島津家のおかかえでした。相撲好きの西郷隆盛がこの人を愛して、両者の友情は一幅の山水画のようだったといわれています。ですから山本権兵衛らは、陣幕をよく知っていたのです。

陣幕は弟子入り志願の二人の武士をみて、

「あなたたちは、だめだ」

と、出雲なまりの関取言葉でことわってしまいました。相撲で伸びてゆくには、日常ゆっくり頭のまわる者がいい、あなたたちを見ていると、四方八方頭がまわりすぎる、力士として決して伸びない、というのが、理由でした。

この挿話は、いくつかのことを想像させます。

薩長人なら大いに出世したろうというのは後世の感覚で、戊辰戦争終了直後――つまりさきに使った〝世間の虚脱状態〟――の中にあっては、山本青年や日高青年といった尋常以上の才能と気概をもった青年でさえ、身をどこへ託すべきか――どう食ってゆくべきか――を知らなかったのです。

たまたまかれらは、築地に海軍兵学寮――のちの兵学校――が開校されましたことを知り、身を立ててゆく道としてそこへ入ったのです。

じつをいうと、戊辰戦争がおわると、まだ山本や日高といった若い者は、たとえば相撲とりになろうというあんばいで東京でうろうろしていましたが、薩摩の総帥の西郷隆盛自身が、東京にとどまらず、さっさと鹿児島に帰ってしまいました。東京には、盟友の大久保利通が残っています。大久保は、西郷に対し、出て来い、と申し送りますが、西郷は出て来ないのです。

——無責任なやつだ。

と、大久保は腹をたてたにちがいありません。倒幕までは西郷は前進的でした。その精神も真っ赤に焼けた鉄のようで、同志の大久保との関係も、緊密そのものでした。倒幕が終了すると、西郷はにわかに冷えた鉄のようになり、大久保をいらだたせます。〝東京政府〟という大荷物を大久保に押しつけたまま故郷の山に帰ってしまうのです。一見、躁鬱病者のようでした。大久保は、西郷のこういう躁鬱つねならざる態度を、西郷の死に至るまで怒りつづけていました。

西郷は西郷で、この時期からその死まで、大久保にハラをたてていたのです。

新政府の役人が、贅沢をし、威権を誇りすぎるということについてです。その代表に大久保がいる、と西郷は思っていたのです。大久保は事実上の政府代表でしたが、贅沢なんかしていません。しかし質実な薩摩武士である西郷からみれば、大久保らが馬車に乗っているというだけでも、不愉快だったのでしょう。

明治維新に成功した西郷は、成功者でありながら、なにもかも不愉快でした。太政官による断髪令がでるのは、明治四年一月です。明治二年に西郷が鹿児島に帰ったころは、世間一般はまだチョンマゲがつづいていました。坊さんは当然ながら頭をまるめています。西郷も坊さんのように頭をまるめてしまったのです。思いきったことです。ひょっとすると、気分だけは、世間と断つということだったのかもしれません。鹿児島にいる伊地知正治《いじちまさはる》（一八二八～八六）は西郷より一つ歳が下で、目と脚の不自由な人ですが、その薩摩流の兵学の造詣については西郷が早くから高く評価し〝伊地知先生〟とよんで尊敬しておりました。この人が鹿児島における西郷の近況についで東京の大久保に書き送った手紙のなかで、

「西郷入道先生」

と、ユーモラスによんでいます。〝入道先生は、もう四、五十日も湯治に出かけていて、姿を見ない。いつも犬四、五匹をつれている〟というのです。西郷は、ワナを仕掛けての兎狩りが大すきでした。この時期の西郷が、東京上野公園の西郷の銅像でしょう。ツンツルテンのキモノに、草履、そして犬。銅像ができたとき、西郷夫人が、

「ンだも（あらまあ）ンだも　やどんし（うちの人）は、こげな（こんな）お人じゃなかったのに」

と、なげいたそうです。西郷という人は服装のきちっとした人で、未亡人がもっともそれをよく知っていたのでしょう。しかし、この明治二年、西郷の状態は、頭の飾りまでとってしまって、いかにも上野の銅像のようでした。

西郷という人は、幕末、倒幕のためにずいぶん権謀術数をめぐらした人ですが、その本質は、多分に哲学的で、高士とか仁者（同時代の政府派薩摩人黒田清隆のことば）といった範疇に入る

ひとだったのでしょう。

むろん、西郷には政略はわかりすぎるほどわかります。維新後、それを用いなかっただけです。たった一つ用いたことがあります。

栄爵をうけなかったことです。新政府は、明治二年六月、戊辰の功績ある者に対して位階と賞典禄をあたえました。西郷が、ただ一人最高でした。正三位《しょうさんみ》で、二千石というものです。正三位といえば、江戸時代でいえば、大大名の位階であります。この時期、なお薩摩藩は存在していますす。その藩主島津忠義でさえ、一つ下の従三位《じゅさんみ》なのです。位階は宮中序列でもありますから、宮中に出るようなことがあれば、西郷はその主君より上位にならざるをえません。西郷には、堪えがたいことでした。西郷はすぐさま薩摩藩主を通じて、辞退しました。しかし新政府がそれをゆるさなかったため、憤りをこめた書簡を出しています。

「主君より上というのは、情義として忍びがたい。それに、位階というのは官職をもつ者にあたえられるのに、自分は何の官職ももたない野人である。ともかく要らないというものを無理に押しつけられるのは、片腹いたい」

この時期の西郷には、かれのアキレス腱に痛烈に矢がつき立っていることを、たいていの西郷論者は気づいていないようです。むろん、同時代のひとびとも、西郷がそのことについて一言半句も洩らしたことがないため、気づかなかったのです。西郷は自分の最大の痛点については沈黙しつづけていました。

ついでながら、この時代の薩摩藩の気風というのは、大変口が固く、藩内の弱点というものを外部に洩らしませんでした。薩摩、ことに西郷の新政府に対する動き方や無関心ぶりに憤っていたのは、長州の代表格の木戸孝允でした。木戸という人は心のきれいな人なのですが、ちょっとヒステリックなところがあります。かれは、〝長州だけがつねに火の粉をかぶり、薩摩はいつもいい子になっている〟とか〝薩摩というのは肚が黒い。すくなくとも腹の底のわからない行動をする〟といった意味のことを愚痴りつづけていた人でした。その木戸が、あるとき、たれか薩摩人から内情をはじめてきかされたのでしょう、「そうだったのか。自分は西郷という人の政治的行動や表現がよくわからなかったが、そういうことなら、すべて理解できる」

という意味のことを述懐したといわれています。

問題は、

「藩父」

とよばれている島津久光にあったのです。

ついでながら、幕末のさまざまの人物のなかで、その識見才能が第一等であるというのは、薩摩藩の前藩主島津斉彬《なりあきら》（一八〇九〜五八）でありましたろう。西郷は、この人に見出され、家来というよりも弟子として薫陶をうけたのです。西郷は終生、亡き斉彬の遺臣であるとみずからを規定していました。

ところが斉彬は、安政五年夏に急死するのです。毒を盛られたといううわさがありました。島津家の奥には、お由良という、当時の藩士の一部から〝女狐《めぎつね》〟のようにおもわれていた婦人がいました。斉彬の父斉興《なりおき》の側室であるお由良が生んだのが、久光です。正室の子である斉彬にとって久光は庶弟にあたります。お由良は久光可愛さのあまり、久光をあとつぎにすべくさまざまに策謀したという過去があります。大久保利通の父などは、お由良を除くべく運動して遠島に処せられました。西郷もまたかれの主君であり、師でもあった斉彬が急死したとき、とっさにお由良のことを思ったのは当然だったでしょう。斉彬のあと、斉彬の遺言によって、久光の子である忠義が少年の身で藩主になり、久光が〝藩父〟としてこれを後見します。久光は、事実上の薩摩藩主でした。西郷はその後、足掛け六年、島流しになりますが、幕末の危機時代に藩によびかえされます。久光が西郷と対面したとき、西郷の態度は久光に対してじつにふてくされたものでした。西郷は、あきらかに久光を軽侮していました。

「あなたの力量で天下のことはできません。兄君をまねようとしてもむりです」という意味のことをいうのです。

このとき、久光はただ黙然《もくねん》とし、怒りをおさえかね、くわえていた銀のきせるを嚙み、歯形が残ったといわれています。ついでながら西郷を憎悪したのです。久光は、自分の生母のお由良とそのとりまきが斉彬を毒殺した、といううわさが存在するのを知りません。だから西郷において、自分に対する尊敬が見られないことを、久光は不快としていました。西郷は西郷で、内心、久光を、ひょっとすると主君の仇の片割れだと思っていたかもしれません。生涯そんなことは、おくびにもだしませんでしたが。

要するに、両者はあわないのです。

ところが久光には、全藩を統御する力がなく、やむなく西郷を使わざるをえなかったのです。その西郷が、藩の力をつかって倒幕をやってしまう。久光は、なまりの湯でも飲まされた思いだったでしょう。

こまったことに、久光は、病的なほどの保守家でした。

幕府はそのままにせよ。藩は未来永劫に藩である。薩摩の風はいっさい変えるな。チョンマゲは残せ。洋服は着るな。四民の別をきびしく立てよ。暦は太陰暦のままにせよ。暦は、明治五年十一月に、太陽暦になるのです。これでは農事はできない、日本農業はつぶれるぞ。それらのかれの思想は、明治六年にかれが献白した「十四ヶ条の建言」とその「註釈書」によって見ることができます。

こういう人が、革命勢力の主力である薩摩藩の中心にいたのです。西郷と大久保が、いわばなだめすかしたり、事後承諾などのかたちで藩を倒幕まで持って行ったのですが、そのあとは、もう久光をごまかすことができなかったのです。西郷が、新政府のある東京にいるわけにもいかなかったことが、これで理解できるはずです。また正三位をもらうわけにもいかず、鹿児島に帰っても、山の温泉に出かけて行って、犬を相手に兎をとっているしかしかたがなかったことも理解できるでしょう。久光が、いわば足をひっぱって――具体的ではなかったにせよ――いたのです。

「西郷は、ついに叛臣のみ」

と、久光はしきりにいっています。西郷の耳にも入ります。西郷は死にたいくらいだったでしょう。西郷にとって、死ぬほどいやなことばは卑怯ということと、不忠ということだったのです。かれが、頭を坊主にしたのは、あるいは世をすてたつもりだったかと思えるのです。

久光は、自分の側近を藩政の要所々々にくばって、藩をつよく握っていました。新政府のあたらしい方策は、すべて薩摩の藩境の内側まで入って来ないのです。薩摩の領内だけは、江戸時代がつづいていました。滑稽なことでした。革命をおこした藩が、勝利者の権威によって、革命とは無縁に存在しつづけたのです。一枚のマンガでした。

ただ、そういう藩の藩内にも、新政府に同調して藩を改革しようとしている連中はいました。久光はそれらをおさえきれず、ふたたび西郷を用います。西郷はやむなく藩の最高官である〝大参事〟になりました。あたらしい日本国をつくったはずの男が、一つの県のいまでいうと副知事になったのです。

東京は薩摩藩におびえています。

日本最強の藩が、東京の命令をきかないばかりか、新政府の棟梁であるべき男を一藩の大参事にしている、という薩摩藩というのが、東京の新政府にとって理解をこえた存在だったのです。

大久保がやきもきし、木戸が西郷をうたがうのもむりはなかったのです。

「西郷は、封建制を復活しようとしている」

といううわさは、長州人のあいだで常識になっていました。まことにぶきみなことでありました。外部のかれらは、島津久光という薩摩の癌の存在を、十分に見ようとはしなかったのです。

さて、廃藩置県です。

ひとくちに薩長といいますが、薩《さつ》は保守、というよりも、日本でもっとも武士集団であるにふさわしい藩でした。久光ならずとも、これをこわしてただの県にするには惜しいほどの藩でした。この藩が革命的な行動をしたのは、一に西郷一個人の指導力・影響力に帰せられてもいいでしょう。ただ、中身は、久光的でした。

長《ちょう》は、まったくちがいます。信じがたいほどのことですが、長州藩は江戸時代、すでに内閣制度を持っていて、また内閣の責任制、さらには藩主の象徴性という一連のものをもっていました。

高杉晋作（中央）と伊藤俊輔（のち博文）（右）（慶応元年、長崎にて）

その面にのみ限っていえば、明治憲法（明治二十二年発布）を先どりしたような先進藩でした。

さらに、幕末の長州藩は、平民からの志願者で編成した奇兵隊および諸隊をもっていました。諸隊は、力士だけの隊、猟師だけの隊もあったのです。ですから一種の国民皆兵です。ということは、無階級社会に近いということです。むろん、萩城下には、三十六万九千石の藩士団がいました。奇兵隊の存在は、存在そのものが萩におけるそういう旧社会に対する痛烈な批判でした。幕末、奇兵隊をひきいる高杉晋作（一八三九〜六七）のクーデターによって、萩の士族軍は大敗北してしまったのです。同時に萩の保守内閣も崩壊しました。そのあと、革命的な内閣が成立しました。その上で、戊辰戦争をたたかいぬいたのです。

話は、わきみちになりますが、戊辰戦争における長州奇兵隊の活躍はまことにはなばなしく、近代軍隊のにおいさえありました。北越戦争。これは越後長岡藩家老河井《かわい》継之《つぐの》助《すけ》（一八二七〜六八）が、薩長軍を迎えて戦った戊辰戦争の一局面でしたが、このとき長岡の侍は、奇兵隊と戦うのをいやがったといいます。相手は百姓じゃないか、ということと、その百姓に首をとられるのは屈辱だという士族らしい気持です。奇兵隊はすでに自藩においては士族軍に勝ち、また第二次幕長戦争のときに幕軍に勝ち、さらには戊辰戦争においては、各地の士族軍に勝ちました。

長州人山県有朋（一八三八〜一九二二）。これは、萩城下にあっては、武士とはとてもいえない階級のうまれです。足軽でさえなかったのです。中間《ちゅうげん》の家でした。〝奴《やっこ》さんだよ〟というあの奴さんでした。

その山県が、奇兵隊では軍監という副大将の役でした。

山県というのはいやなやつだ、という悪口が、明治の末年になって、ささやかれました。官僚制度をつくりあげる名人で、人事統御がうまく、陸軍と官界を牛耳《ぎゅうじ》り、権力の権化《ごんげ》のような印象でしたが、戊辰戦争のときのかれは三十歳、まことに思慮ぶかく、やることが堅牢で、石垣を組みあげるようなやり方の男で、なにごとも山県にまかせておけばまちがいがない、という評判がありました。

かれは、戊辰戦争がおわると、さっさと欧米視察に行っています。なかなかの機敏さで、明治三年八月に帰ってきたときには、かなりに見るべきものは見ていました。

帰国とともに兵部省《ひょうぶしょう》（つまり陸海軍省）の兵部少輔《ひょうぶしょうゆう》という局長のような職につきました。山県は、国学の教養人で、その和歌の才能は当代一といっていいのですが、政治がわかる上に、実務の才があり、なにから手をつけるべきかを知っていました。軍隊組織をヨーロッパ型にすること、そしてなによりも国民皆兵にすること。

そのためには、大前提がなければならない。

「廃藩置県」

これです。二百七十の藩が、侍という軍隊をにぎっているようでは、国防もなにもあったものではありません。しかし、源頼朝以来、七百六十数年つづいた武家政治、家康以来、二百数十年つづいた藩の制度は日本人の皮膚や内臓にまでなっています。それを解体することができるのか。

当時、兵部省のうち陸軍の予算は、三十万石でした。三十万石、この当時、おカネで予算をたてていません。陸軍予算三十万石でなにができるでしょう。

大蔵省を担当する長州人の代表は井上馨《いのうえかおる》（一八三五～一九一五）でした。かれにとって、新政府の財政はとても財政なんてものじゃない、という実感でした。

新政府は、旧幕府の直轄領（天領）を主とした八百万石の上にのっかっているのです。八百万石は、玄米で入ってくるもの、畑税の税金だといって、天保銭や四文銭で入ってくるもの。それに各藩が藩札という紙幣を出しているのです。藩でしか通用しないのですが、そういう藩札まで入ってくる。財政となると、中央集権制、つまり郡県制をとらねばどうにもならない。自然、大蔵省の長州人たちも、廃藩置県説でした。

当時、廃藩置県で奔走したのは、二人の長州人でした。鳥尾小弥太という長州奇兵隊出身の兵部省の役人と、もう一人は野村靖《のむらやすし》という松下村塾出身の外務省役人でした。しかし長州の総帥木戸孝允はもとからの廃藩置県論者だし、東京の薩摩代表の大久保利通もそうでした。だからこそ大久保は、故郷の薩摩から浮いていたのです。

それとはべつに、新政府が軍隊を持たねばどうにもならない。そこで、薩長土の三藩が、あわせて一万人ほどの軍隊を献上することになりました。

そういうことで、薩摩軍は、藩主忠義を擁した西郷隆盛がこれをひきいて海路東上します。かれが東京に入ったのは明治四年三月でした。六月に、新政府に乞われてやむなく木戸孝允とともに参議になりました。

前回で、

――紀州の津田さんを頼もう。

と西郷がいったのは、この時期です。

西郷は、このとき日本橋蠣殻《かきがら》町の仮住まいに、下男とともに住んでいました。六月のはじめ、長州人・兵部少輔の山県有朋は、その拳《こぶし》を握りかためたような顔でもって、この西郷の寓居を訪ねます。山県は、廃藩置県の必要を、西郷に説こうと思って単身やってきたのです。西郷の声望は、薩摩藩を蔽《おお》っていましたから、西郷の協力がなければ、又、薩摩藩が諾《だく》といわなければ、無に帰します。しかし西郷は封建論者だと山県はきいている。

山県のような男でも、このとき、西郷が聴き入れなければ刺し違えの覚悟だったといいます。むろん、予告して訪ねたのではありませんから、先客がありました。しばらく一室で待たされました。お茶とカルカンが出たそうです。カルカンは、薩摩のお菓子です。

やがて西郷がその巨体を運んできて、両者対座した。

山県は、話の面白い人間ではありません。その男が、咄々《とつとつ》として、藩の廃止の必要と県の設置、つまり中央集権の必要を説いたのです。西郷は顔色もかえずにきいておりましたが、やがて、

「木戸の意見はどうか」

と、質問しました。山県は木戸の意見は十分知っておりましたが、どうこうといわず「まず第一番にこちらにご相談にきたのです」といいました。

西郷は、ひとこと答えただけです。

「わたしンほ（私のほう）は、よろしゅごわす（よろしい）」

私のほうというのは、薩摩藩のことです。薩摩藩としては異存がない、ということですが、とんでもないことで、久光とその配下の者がいて、大反対している。しかし西郷はいっさい余分なことはいわない。西郷の脳裏には久光の顔がいっぱいにあったでしょう。西郷はそれを押し殺したはずです。同時に死を決したはずです。その死も、死骸を八ツ裂きにされるような死を思ったかもしれません。

山県にすれば、拍子ぬけしました。西郷の返答がそれだけだったからです。ひょっとすると、なにか西郷がまちがっているのではないかと思い、

「この問題は、血を見ねばおさまらぬ問題です。われわれとしては、その覚悟はせねばなりますまい」

というと、西郷はふたたび、

「わたしンほ（わがほう）は、よろしゅごわんが（よろしいですよ）」

といっただけだったといいます。


廃藩置県は、薩摩藩をもふくめほぼ無血におわりました。久光は大いに憤り、ふたたび、西郷を〝叛臣だ〟と、ののしりました。かれが、桜島を目の前にした海岸の別邸で、海岸に石炭船をつながせ、そこで花火をうちあげさせて、終夜それを見つづけたというのは、廃藩置県の報がつたわった夜でした。怒りの表現としての大花火というのは、いかにも大名らしくて、なにやら芸術的にさえ思えます。

第六章

“文明”の誕生

今回は、国家が誕生して早々の、いきいきした文明的気分というものについて述べます。

西園寺公望《さいおんじきんもち》（一八四九〜一九四〇）といえば、どことなくいきで、嫋女《たおやめ》ぶりのたよりなさと強さがあって、いやに超然としているかと思うと下世話なところもあるといった印象がありますね。西園寺氏は公家《くげ》でも上位で、五摂家《ごせっけ》に次いで清華家《せいがけ》という家格であり、太政大臣まで昇りうるとされていました。公家の家というのは、宮廷文化を守るために家芸というのがあったのです。たとえば冷泉家《れいぜい》は和歌の家、飛鳥井家《あすかい》は蹴鞠《けまり》の家というふうで、西園寺家は、代々琵琶の家ということになっていました。屋敷に妙音天というインドから渡来した音楽の神様をまつっておりまして、これはどうやら弁天様（弁財天）と同じか、混同された女神様らしい。女神にあられ

西園寺公望

ますから、ヤキモチを焼かれる。西園寺家に正妻がくるとどうもうまくゆかない。そういうわけで、西園寺家は代々正妻を娶らないのだという俗間の言いつたえであります。どうもこれは半分ホントらしいが、半分ウソらしい。まあどちらでもいいんですが、西園寺公望が若くしてフランスに留学し、生活をつらぬいて自由思想の持ちぬしだったということや、フランス時代、作家のテオフィル・ゴーチェ（Théophile Gautier）の娘と共訳して『古今和歌集』を翻訳出版（一八八四）したりしたことなどもあわせて、全体としていきな印象をうけます。

少年のころから、感受性がやわらかく、生来、合理主義的思考癖があったというか、すくなくとも神秘主義のほうには行かない性格でした。たとえば、十四歳のころ、京都所司代の与力で楢崎という弓の名人がいました。幕末のことでありますから、公家の間でさえ、武張ったことが流行り、楢崎をよんで弓を習ったりしました。ある人が、少年の公望にも、弓をすすめたのです。

当時、洋式銃といっても、ゲーベル銃のように、火縄銃とさほどに変らない先込銃がふつうでした。もっとも洋式銃も、幕末の数年間で一変しました。たとえばスナイドル銃などは銃身後部で弾をこめる構造で発射操作もたやすく、なによりも一発射ったあとすぐ一発がうてるというふうで、発射時間がみじかくなりました。ただし公望の少年期は洋式銃といっても銃口から弾をころがして入れる式でしたから、手間ひまがかかる。弓ならば〝矢継早《やつぎばや》〟ということばがあるように、どんどん射ることができる。

「だから洋式銃より弓矢のほうが有利なのです。日本は、古来の武器で日本を守ってゆくべきです。」

と、説く人はそのようにいうのです。公望は、それには乗りません。楢崎のように名人になれなくても、それに近い達人になるには何年かかるか、と冷静にききます。

「七、八年でしょう。」

「それでは、だめだ。西洋の銃器は、たれでも短時間で操作できるようになる。武器は本来そういうものであるべきではないか」

こういう合理主義は、公望の生涯のものでした。

かれが二十歳のとき、鳥羽・伏見の戦がおこり、京都側の薩長軍が、大坂から京にむかって押しだしてきた徳川軍と戦って勝ちます。これが事実上、明治維新を決定した革命戦争でした。鳥羽・伏見に勝ったあと、東海道、東山道をへて、革命軍は江戸へむかいます。戊辰戦争がはじまったのです。もう一手、軍が必要でした。それは、京を守るために山陰地方に出す部隊でした。山陰をおさえておかないと、そこから京を攻められれば、江戸へむかった革命軍も本拠をくつがえされて、モトも子もなくなります。山陰鎮撫《ちんぶ》総督というもので、公望がわずか二十歳ながら、それにあたりました。薩長のわずか二百人をひきいて京をたち丹波にむかったのです。途中、農兵数百人が参加しました。軍用金もなく食糧さえもっていない、うらぶれた部隊でした。ところが、時の勢いというものはおそろしいものであります。みちみち各藩がこれに従い、兵員や兵糧弾薬をさし出し、亀岡、篠山《ささやま》、福知山、宮津と有力な藩が盾《たて》を伏せて従い、出雲の松江にむかったときは、三千五百人の人数にふくらんでいました。松江、作州津山、姫路というふうにまわって大坂に帰り、さらに北陸へむかいました。北陸では越後の長岡藩が抵抗したため、すさまじい戦争になりました。この間、長岡兵の奇襲に遭って、二十歳の公望は命からがら逃げたこともあります。

それらの戦争——戊辰戦争——がおわって、明治二年七月ごろ京にもどった。このとき京都で立命館という私塾を興した。しかし一方では、フランスにゆくべく運動はしている。フランス語の初歩も、学んでいる。青年の公望はいそがしそうでした。

かれのおもしろさは、日本の公家の頂点に近い家にうまれながら、ヨーロッパを自由と平等の国だと考え、それをあこがれたということです。

かれは、戊辰よりも二年前、福沢諭吉の『西洋事情』を愛読しました。福沢は幕末においてアメリカとヨーロッパを見ておりますが、かれは単なる外遊者でなく、また単なる紀行文の書き手でもありませんでした。かれは、欧米という国家・社会の本質を、縦横《たてよこ》十文字に見つめて、じつに平易に表現したのが、この『西洋事情』でありました。三部から成っておりまして、第一部である初編は慶応二年に出ました。ついで慶応四年に第二部が出、明治三年に第三部が出ています。発行部数は通算十五万を越えました。かっての頼山陽の『日本外史』もベストセラーでしたが、短期間にこれほど密度高く読まれた本はまれでしょう。たとえば、英国のくだりにおいて、「一身の自由は元來人として天然に備はる所の通義」というのです。さらに、「一身の自由を保護の為に一大緊要事とせり」。国家というものは、法をもって自由を保護している。個々の自由を保護することが国家の重要なつとめなのだ、というのです。西園寺公望がよんで感銘したのは、このあたりかもしれません。

かれは最晩年に『西園寺公望自伝』（講談社）という口述筆記の本を出しています。

はじめて「西洋事情」を読んだ時などは、こういう天地に生まれたならば、さぞ面白かろうという感じをおこした、……

英仏米にあっては法が主人である、その法が、ひとびとの自由と権利を保証し、国家の経理も、じつに合理的にできている、そんなことに感心し、〝こういう天地〟に生きたいと思ったのでしょう。

その後に、戊辰戦争に従軍し、京にもどったのです。やがて東京へ出てゆかねばならないのですが、さきに東京へゆくという人に、

「東京へゆけば、いままで差別されていたひとびとのなかから、いい娘さんをさがしておいてくれ。その人と結婚する。私は、公家である。日本でもっとも高貴な血とされている。私がそういう人と結婚すれば、千万言の言論を費やさずして、維新とはなにかということが、世間の人にわかるだろう」

といったといわれています。

〝それは本当ですか〟と右の本で、後年、口述を筆記した小泉三申という人が質問したようで、右の本で西園寺さんは肯定しつつも〝大分、買いかぶりの話が伝わっている〟といっていろいろ喋っていますが、要するに本当だったのです。ただ、縁がなかった、という。

そのなかで、公望は、こういっています。

維新直後は、まじめに四民平等を実行にかかってた時だったから、改革思潮がみなぎってお

りまして、そんなことを云っても、又実行しても、自他ともに、そう異《い》としませんでしたね。今（昭和五、六年ごろ）よりはるかに自由な気が行われていたから、わたしがそう考えたからといって、好奇心でも、犠牲心でもない、平凡な考えだったのです。

とにかく苦労知らずの二十歳の青年貴族の心の鏡に映った明治二年の維新像というものはこういうものだったということを知っていただきたくて、西園寺公望という人の話をもちだしたのです。言わでものことですが、西園寺公望というのは、明治時代に世界主義の教育をとなえたり、明治三十年代にかつがれて政党総裁になったり、日露戦後に総理大臣になったり、昭和ヒトケタのころ、軍部の擡頭《たいとう》を元老としておさえようとして十分の力を発揮できなかったりして、昭和十五年（一九四〇）に死んだ人です。そういう事歴はどうでもよくて、二十歳の一青年に映った維新像を知っていただきたかったのです。むろん、世は生きものですから、変ってゆきます。そのこともここでは、わきに置きたい。

明治国家成立早々の変革像は、むろん同時代人、あるいは現場にいた人によって人それぞれの印象だったのですが、西園寺公望青年に関するかぎり、これは正真正銘の革命だと思ったのではないでしょうか。

もう一つの例についてふれます。

これは、事件として――マリア・ルス（Maria Luz）号事件としてお話したほうが、わかりやすいと思います。

奴隷船でした。マリア・ルス。〝Luz〟はともしび、「マリア様のともしび」号。教会のなかで聖像の前にたくさんの蠟燭の灯がゆれているように神聖な名ですが、積んでいるのは、たくさんの奴隷でした。

ペルー共和国の船でした。カトリック国で、スペイン語を話します。かってスペイン人に征服されたこの国は、少数の白人と多くの混血人《メスティソ》とわずかな原住民によって成りたっており、明治維新よりも四十年ほど前に独立しました。その後、奴隷制を廃止したはずなのですが、あるいはその国では厳密な法による監視がおこなわれていなかったのでしょうか。それとも、移民という名目で、他国から人間をさらって連れだす、というのは合法的な法のぬけみちだったのでしょうか。ペルー人が船いっぱいに詰めこんでいる〝商品〟は、中国人でした。まだ清国の時代ですから、以下清国人とよぶことにします。

中国内部のポルトガル領である澳門《マカオ》で積みこみました。奴隷たちは多くは広東人です。広東省は当時、大田舎ですから、おそらく中国の奴隷商人がうまく言いくるめて田舎の人達を澳門にあつめ、このマリア・ルス号にのせたのでしょう。船長はヘレラというスペイン系のペルー人です。

かれは澳門で買った清国人の奴隷二百三十一名を船底に積みこんではるか南米まで帰るべく、一八七二年（明治五）四月帆走――風帆船でした――しているうちに台風に遭い、船を損傷してその修理のために横浜港に入りました。

碇泊中に、奴隷の一人で、木慶という者が（木慶ほか二人という説もあります）海にとびこみ、半死半生になって、港内におなじく碇泊していた英国軍艦アイアン・デューク号に泳ぎつき、乗組員に救われました。わけをきくと、マリア・ルス号は奴隷船であり、この逃亡者はそこからのがれてきたことがわかりました。

かれは、英国の代理公使R・C・ワトソンに連絡しました。当時、有名な英国公使パークスは休暇で帰国中で、その留守をワトソンという代理公使が守っていました。

さて、事件がおこったのは、日本国の主権下です。横浜港ですから。

ところが、明治国家はまずい立場にあります。かって幕府は開国にさいし、各国と条約（修好通商条約）を結んだその条約というのは、きわめて不平等なものだったのです。つまり列国は日本を半開国とみなしていました。

なにしろ江戸幕府方は、世界の事情を知らない。また条約を結ぼうという相手は、江戸日本の法体系をみとめていなかったのです。

アメリカとの条約が、最初でした。

日本にいるアメリカ人がですね、日本人を殺す。あるいは傷つける、だます、といったふうな犯罪をおかした場合、日本政府は手も足も出せなかったのです。「容疑者はアメリカの領事がひらく裁判所において吟味の上、アメリカの法律でこれをさばく」となっているのです。日本国の主権いずこにありや。しかしアメリカ側からいえば、むりもないでしょう。江戸日本が世界に通用する近代的な法体系をもっていないのに、罪人をまかせることはできません。もし幕府が裁判をやるとすれば、大岡越前守や遠山の金さんが出てきて、大岡裁判をやらざるをえないのです。アメリカ人としては、何をされるかわからないという不安がある。

それに、関税。この条約では日本は自分の国の関税のくせに、自分の国で税率をきめることができませんでした。相手まかせです。これも、腹だたしいことですが、むこう様の立場でいえば、むりはないかもしれません。江戸日本のような、国際慣習をなに一つ知らない国なら、べらぼうな関税をかけるかもしれない。それなら、〝先進国〟としてはたまったものではない。

こういう面からみても、明治維新はおこらざるをえなかった革命ですね。世界と平均した法体系や慣習体系をもつ。それが、文明開化というものです。国内の攘夷家が、いかに古き日本のままであらしめよ、と叫んでも、やはり文明開化でゆくしかない。

「ザンギリ頭をたたいてみれば、文明開化の音がする」

などと、ノンシャランで、バカげた歌がはやりましたが、明治国家として文明開化の方針はとったものの、つまりザンギリ頭にしたものの実際は、半人前で、子供あつかいだったんです、条約改正という点で。

いやもう明治年間いっぱい、明治国家は、不平等条約をあらためる——条約改正——のために大変な努力をしました。血みどろというべきものでした。三十年かかりました。明治三十二年、ようやく治外法権は撤廃されます。

ちょっとここで余談を申しますが、幕府はもう一つ、ひどい約束を強いられていました。プロシア（ドイツ）が、どさくさに、幕府から北海道七重《ななえ》村を租借してしまったのです。中国の清国末期、といった感じで、欧米の列強というものは、日本を見ていたのでしょう。バカにした話です。第二は、アメリカが、江戸、のちの東京、これと横浜を結ぶ鉄道を敷設させてもらいたい、と申し入れました。世界について無知な江戸幕府は、どうぞといってしまったのです。鉄道が外国経営になりますと、やがてその駅や沿線まで治外法権の地、つまり日本にして日本にあらざる地、さらにいえば植民地になってしまうおそれが濃厚です。第三は、英国とフランスが、横浜に軍隊を駐屯させる、という約束です。幕府がむすんだ不平等条約によって、横浜、神戸、大阪などに、居留地があります。中国語でいうと、租界、たとえば新中国の前の上海租界。そこに、外国軍隊が常駐している。堂々たる独立国の中にですよ、居留地というセッツルメント——小さな規模の植民地——があって、そこに外国軍隊まで駐屯している。

そういう三つの条項、つまりプロシアによる北海道の一部租借、アメリカによる鉄道敷設、英仏による軍隊の駐屯、これは、明治国家が、国家成立とともに当該の国々と折衝して、白紙にもどしました。よかったですね。

ところが、治外法権と関税のほうは、各国は頑としてゆずらず、据えおきです。くりかえしますが、明治三十二年にやっと撤廃になりました。

マリア・ルス号事件。

この事件は、むろん治外法権日本の真只中でおこったのです。

さて、奴隷です。

マリア・ルス号は、ぎっしりと奴隷をつみこんでいます。

欧州も、アメリカも、過去にあっては奴隷で大もうけした国々です。

すでに過去形ではありますが、おそろしいことをやったものですね。

イギリス。これが、アフリカにいる人間をつかまえてきて商品にしてしまえ、ということを最初に思いつきました——ちょっとさしはさみますが、むろん奴隷は古代からあり、大航海時代の十五世紀以後、ポルトガルやスペインが植民地での労働に奴隷をつかっていました。しかし、これを貿易の対象としてやったのは、オランダ、フランス、イギリスでした。十八世紀になって、イギリスのリヴァプール（Liverpool）、これは大西洋に口をあけた小さな港です。十九世紀までは栄えに栄え、いまはさびれていまして、ビートルズが出た町ということで、せいぜいひとびとに印象されているだけです。このリヴァプールの商人がアフリカから奴隷を買いあつめては、新大陸に売るという大商売をしてもうけていました。ヨーロッパ諸国が、新大陸に運んだ黒人奴隷は千五百万から二千万人というのが通説だそうです。大変な人数ですなあ。十八世紀末から、十九世紀初頭までの五十年間で、イギリス人の奴隷商人の手によって運ばれただけの数が百五十万人といわれています。ヨーロッパにとって恥辱の歴史だと思います。

ところが、ヨーロッパの歴史というのは、倫理的な弾力性がつよくて、うんと悪事を働いたあと、強烈にゆりもどしがあって、十九世紀になると、人間を奴隷にするな、ということで、禁止の法律が出ます。英国がまっさきで、つづいてフランスでした。むろん人道問題だけでなく経済的実利、そういう面からも、原因の因子がくっついていました。

アメリカにおける奴隷問題、これは厄介ですね。アメリカの南部の農場では、奴隷労働を必要としてきました。北部の工業地帯では奴隷なんかは要らない、もっとちゃんとした労働者がほしい。そこで、奴隷制を廃止したいというリンカーンが合衆国の大統領に当選する。翌年に南北戦争（一八六一～六五）がはじまります。

幕末、ペリーがやってきて日本が開国し、ハリスによって日米修好通商条約がむすばれます。

日本から、さきにのべたように批准調印の使節がゆきます。

その後、アメリカは、国内がいそがしくて日本どころではない、この間、日本の外交界から影をひそめますな。イギリスとフランスが日本を外交の戦場とするのですが、アメリカの影がじつに薄い。当然なことで、江戸幕府が倒れるまでのあいだ、南北戦争でそれどころじゃなかったんです。

桜田門外ノ変（万延元年・一八六〇）のとしにはリンカーンが当選し、生麦《なまむぎ》事件（文久二年・一八六二）のときには、それまで北軍を圧倒していた南軍の名将リー将軍の勢いが衰え、幕府の命をちぢめた第二次長州征伐（慶応元年・一八六五）のとしに、近代戦の名将とされる北軍のグラント将軍が南軍のリー将軍とその軍を降伏させ、戦争が終結するというぐあいでした。

この南北戦争のさなかに、リンカーンが、南部の占領地における奴隷を解放するという宣言を出したのです。つまり、明治五年のマリア・ルス号事件の段階にあっては、アメリカは奴隷問題に結着をつけて、まだホヤホヤという時期でした。

「マリア・ルス号は、けしからん」

というのが、横浜の真のぬしである列国外交官たちのそろった意見でした。ただし、アメリカとフランスがどうも、鈍かったような気がします。

イギリスが、もっとも尖鋭的でした。なにしろ、奴隷貿易はいかん、と言いだした大先輩国で、どれだけ先輩であるかについてはいろんな計算の仕方がありますが、この時期にはすでに八十余年経っています。フランスの奴隷廃止運動は、すこしずつ後追いするかたちでした。

ワトソン代理公使は、奴隷船から脱出してきた木慶という清国人を、英国軍艦から上陸させ、横浜の英国領事館の手をへて、神奈川県庁にわたしました。ところが、マリア・ルス号から県庁にひきわたし方を請求してきたので、県庁ではこれを船長にひきわたしてしまいました。ここまでは、まあ穏当なことです。なぜなら、マリア・ルス号は〝船中にある清国人は移民なり。われわれは移民船なり〟と主張したはずですから。それを〝そうじゃない〟といって大声を出す資格は日本側にあるかないか、微妙なところです。また奴隷だという証拠もありません。ところがワトソン英国代理公使は、執拗でした。かれは勇敢にも、同船まで確かめに行ったのです。すると、船底でみた木慶は、弁髪も断ち切られて、凄惨な状態にありました。あきらかに、懲罰をうけたあとがありました。ふつうの移民なら――移民も船にとってお客さんですから――肉体的に痛めつけられるということはありません。これをもって、彼、およびかれらが奴隷であることがわかるわけで、ワトソンは十分に確認しました。

そこで、ワトソンはシェパードというアメリカの代理公使と相談します。というのは、駐日アメリカ公使館は、この当時、ペルー共和国からたのまれて、日本におけるペルーの利益代表であ

副島種臣

ることを代行していたのです。ペルーは日本と条約を結ぶゆとりがなかったものですから。(この翌年〈一八七三〉、ペルーは新興の日本とのあいだに、通商友好条約をむすびます)シェパードは驚き、〝この件について自分はかのペルー船の面倒は見ない〟と言い、その旨、日本の外務省にも文書の形で通告しました。

英国のワトソンは、日本の副島外務卿にくわしく事実関係と意見を申し送ります。

副島種臣《そえじまたねおみ》(一八二八~一九〇五)、薩長土肥の四番目の肥の出身です。肥前佐賀鍋島家。葉隠《はがくれ》武士といわれた藩ですね。

政治家にして副島ほどの教養人は、日本史上、菅原道真――天神様のことです――がいるのみだ、とかれの死後、福本日南はいっています。日南はさらに、いま孔子の家へあがって孔子と語りあってすこしの違和感もないのは中国の知識人をふくめて副島さんぐらいのものだろう、とも福本は言いました。それほど漢学の造詣がふかく、げんに外務卿――のちの外務大臣――として清国に使いしたとき、李鴻章以下の清国政治家が、副島の詩文のみごとさに感じ入りました。副島の詩は、漢代の古格な格調がありました。李鴻章は副島に対して兄事する姿勢をとったといわれています。

副島は漢学だけでなく、国学の造詣もふかく、和歌に長じていました。もともと国学者の家に生まれた人なのです。

肥前佐賀藩が、藩の法として藩士にはなはだしいほどに学問を強いたということは、すでにのべました。この藩は、藩士にヨーロッパ学をやらせることにも熱心で、はじめは蘭学、つぎには英学にきりかえ、長崎に藩立の致遠館《ちえんかん》という英学研究所をつくりましたが、副島は藩命によってその学監に任じました。副島はヨーロッパに行かなかったのですが、幕末において、欧米の法制や経済、事情に通じている第一人者でもあったでしょう。

副島のような人は、歴史のある条件下でうまれたわけで、もう出ないでしょう。

単なる教養人なら今後も出るかもしれませんが、かれはむろん教養人というレベル以上の存在でした。政界にいながら、山林の行者のように、その教養を精神の陶冶にのみ使っていました。精神が酒であるとすれば、副島の場合、教養による醸造の段階をすぎて、透明な蒸留の段階に入っていました。傲慢不遜な英国公使ハリー・スミス・パークス（一八二八〜八五）でさえ、副島外務卿に対してははなはだ畏れる風がありました。

ここで、話が枝道にそれていいでしょうか。パークスという名です。この名が出ると、私の心は、わずかですが冷静さを失います。パークスの時代にもし私がうまれ得たとしたら、お前さん、アジア人をバカにしすぎているんじゃないか、とひとことだけ言ってやりたい気持に、ついなってしまいます。

英国公使ハリー・スミス・パークス

パークスは、賢い男でした。しかし真に聡明であるというのは、へんぺんたる文明の差で相手を見ないということです。単純な尺度で相手を差別しないということです。パークスならパークスが背負っている英国の国威、英国の文明という尺度で、かれは相手の国を見ます。そういう人間は、浮世のことで賢くはあっても、結局はつまらない男です。

パークスは、賢かった。しかし巾着切りの賢さです。ひとの財布がどこにあるか、右ポケットか左ポケットか、いくらいくらはいっているか、そんなことがわかる賢さです。

パークスは叩き上げの外交官でした。

かれはイングランドのスタッフォードシャーで鉄工所を営む家にうまれましたから、貴族のうまれでなく、フランス風にいうと、町人、つまりブルジョワジーの出身です。ただし、四、五歳のときに両親が死に、十三歳のとき、中国にいる姉のもとにゆきました。十四歳で、英国の通訳官の下で働いて中国語を身につけます。悪名高い阿片戦争の真最中でした。目はしのきく少年でしたから上官たちに可愛がられて、外務省坊やとして大人たちの智恵を身につけてゆきます。そして十五歳から、通訳として給料をもらうのです。

「アジア人というのは、おどさなきゃだめだ」

というのが、少年が身につけた決定的な智恵でした。アジア人はおどさずに下手《したで》に出ているとつけあがって尊大になり、まとまるものもまとまらない。ぐわっと、虎や獅子の表情をつくっておどかすと、いっぺんにおそれ入って、要求をのむ。そういう智恵をかれは中国で身につけました。いわゆる浅智恵ですね。話がそれますが、二十世紀の児童福祉法というのはいいですね、あまり子供のころから大人にまじって働くというのは、人によっては考えものかもしれませんね。

つぎは、かれの少年のころの体験です。あるとき、英国の領事館に、土地の知事さんがやってきて英国側と清国側が会議をすることになりました。清国側が、予定よりも人数がふえるということで、領事館は大あわてで、イスをふやしたり、テーブルをふやしたりすることになり、領事閣下もワイシャツの腕をまくって率先してこの作業をしていました。

そこへ、清国の知事さんがやってきたのです。清国の知事さんというのは、針の穴にラクダでも通すほどにむずかしい科挙の試験の合格者で、〝皇帝の股肱《ここう》（てあし）〟ということになっており、一代貴族として、なんとも尊大な存在なのです。知事は供の者に行列を組ませ、みずからは輿《こし》にのってやってきます。領事館に近づくと、音楽を鳴らします。音楽といっても、穴が七つある唐人笛《チャルメラ》ですが。

領事館の門が開門し、輿が入ります。知事が降りて会議場に入ると、領事閣下が大働きしている。

「これは小人《しょうじん》か」

知事は、思ったらしい。そのまま帰ってしまったのです。

中国では、君子というと大官のことをいいます。むかしから「君子ハ心ヲ労ス」。大官というのはえらいですから、頭や心をつかっている。これに対し「小人ハ力ヲ労ス」。これは、『左伝』という古典にあって〝それが先王の制〟だというのです。治める者は心を労するが、治められる者は肉体労働をする。いまの中国でも、えらい人はチョコマカと会場のイスをならべたりはしませんよ。

ところが、英国では貴族でもスポーツをして力を労し、ときに作業をする。日本では、武士階級は武術を習って力を労しました。戦国時代の城普請では、殿様みずからがモッコをかつぐのが先例であり、奥方は焚出しをしてみなを励ますのがふつうでした。

中国では、古典はバイブルなのです。大官は力を労することはなく、もしそういうことをやっているとすれば大した官吏ではない。英国領事は女王陛下の官吏ときいていたが、ひょっとすると、これはつまらぬ身分ではないか。そういう者と、対等の席につくのは、恥辱である。清朝の知事閣下はそう思って帰ってしまったんです。

「この国で、英国式をやればかえってあなどられる」

少年通訳官は、中国語ができるだけに、骨身にしみて両者のちがいがよくわかったのです。

その後、パークスは、水火をくぐるような経験をしました。中国側にとらえられて、あやうく処刑されそうになったこともあります。その功で、かれは勲爵士《ナイト》の称号をもらいました。三十六歳で上海領事になり、三十八歳のとき、日本の慶応元年（一八六五）、抜擢されて日本駐在公使として、長崎に上陸します。

かれのかんのするどさは、薩長側に肩入れしたことです。つまり、ミカドの側につき、フランス公使のように、将軍べったりではなかったことでした。むろん、この政略については、薩摩の寺島宗則の工作や、アーネスト・サトウというかれの下にいた人の天才的な洞察眼が、あずかって大いに力がありました。

やがて明治維新という大変革がおこって、かれのかんが的中しました。英国は明治新政府においては、最上のお客様になりました。パークスがその場所をきめた英国領事館は、いまなお英国大使館としてつづいています。皇居にもっとも近い、在外公館のなかで最高の場所であることが、当時のパークスの威望というものがどんなものであったかを、そこはかとなく象徴しています。

さて、今回は、パークスについて語るのが目的ではなく、ある主題をいうために、話が脇道にそれています。

話がそれているついでに、造幣局のことを申しあげます。硬貨、コインをつくる造幣局。新政府としては、幕府時代を去らせてあたらしい日本国をつくるには、国軍をもつこととあたらしい貨幣をつくることの二本だてが必要なのですが、明治二年の段階においては——マリア・ルス号事件は明治五年の段階です。それよりもこれは三年前の話です——新政府はみずからを安定させるための第一条件である政府軍をもっておりません。廃藩置県がまだですから、二百数十藩の藩兵が日本のほうぼうにちらばっているだけなんです。

ですから、明治国家というのはおかしな政権ですね、国内統一がまだできていない明治二年の段階で国軍をつくるよりも、貨幣をつくったのですな。まあ、平和といえば平和ですな。つまりは〝円〟の誕生であります。貨幣の〝基本単位名〟アメリカならドル、という意味での基本単位名。江戸日本は、ごぞんじのように両でした。江戸末期から、一両、二両のことを、ときにしゃれて〝円〟とよぶ習慣すらあったのですな。そこで、明治国家は〝円〟という名前を採用しました。また金本位制をとりました。（と、簡単に申しましたが、初期は銀建てと併用しました）

ともかくも、明治国家は国際社会に仲間入りするために誕生した国ですから、一円金貨も、世界の金貨とおなじようにしたいのです。円は、純金一・五グラムをふくんでいます。アメリカの一ドル金貨の〝純分〟とおなじという高品位なものです。

鋳造する場所——造幣局——は、大阪におかれることになりました。

その着工は、明治元年末からはじまっています。機械も建物も、東洋銀行《オリエンタル・バンク》にたのみ、英国の技術団にやってもらいました。なにしろ貨幣鋳造機があればいいというものではなく、硫酸からソーダからガスからコークス、ぜんぶこしらえなきゃいけませんからね。付属工業が大変でした。造幣局から大阪の化学工業が興ったという説があるほどです。

はじめは、造幣寮とよんでいました。その開業式がおこなわれたのは、明治四年二月十五日でした。むろん、廃藩置県（明治四年七月）の前です。

式当日は、大変でした。大阪城から二十一発の祝砲が鳴りひびくやら、花火がうちあげられるやら、東京から右大臣の三条実美《さねとみ》以下の新政府のえらい人達や、各国の公使らがやってくるやら、新国家をあげてのお祭でした。明治国家の実はこのときから出発したという言い方ができるかもしれません。

大パーティーがおこなわれました。

席上、外交団を代表して、英国パークスに指名されました。

サー・ハリー・パークスは、痩せて、目のぎょろりとした、じつに戦闘的な容貌のもちぬしで、シャンペン・グラスを手にして立ちあがりました。最初、ごく穏当なあいさつで、やがてこの金貨がじつに純良であることをたたえましたが、やがて、

「通貨は、純良でなければならぬ。もし他日、この純良さをうしなうことがあらば、国家の信用というものは、」

と、グラスをあげて床にたたきつけ、

「このようにこなごなになるのだ」

論旨はそのとおりであるとして、なんという暴慢な態度であったでしょう。

むろん、〝英国紳士〟という言い方があるように、英国はジェントルマン・シップの産地で、パークスが英国人を代表するとは思いませんが、十九世紀、英国は世界史上最大の帝国を維持してまことにその意気は軒昂たるものがあり、それが、大説教を垂れてグラスをたたき割るパークスの態度によくあらわれています。

たとえば、薩摩の高崎正風《たかさきまさかぜ》（一八三六〜一九一二）というのがいましたね。歌人でもありました。この明治四年、新政府の役人としてヨーロッパへ派遣されました。乗ったのは、ゴーダヴェリー号という英国船で、かれは一等船客でした。甲板上で体操をしていると、しりを叩くやつがある。ふりかえると英国人だった。高崎は腹をたててその男をなぐった。その男もとびかかろうとしたところを、イタリア人その他があつまってきて、仲をひきわけた。その後、ドイツ人が三

人やってきて〝英国人というのはじつに傲慢無礼なんだ、あなたはよくやってくれた〟と大いによろこんだというのです。

また、福沢諭吉は幕末に渡欧したとき、上海や香港で、中国人が英国人に鞭うたれているのを見てショックをうけました。

そういう時代です。パークスが傲慢でたかだかとしていて、アジア人をおどかすか、教えてやるという態度でのぞんでいたのも、ひとつは、時代の勢いというものでありましょう。

私は、パークスを論じているのでもなく、またパークス伝を語っているのでもありません。

佐賀人副島種臣の風韻についてです。あるとき、パークスの傲慢がすぎたのに対し、外務卿副島は、みじかくしかし激しく叱責して、かれを鎮めたといわれています。以後パークスも、副島種臣に対しては、すでにのべたように、ちゃんとした態度をとるようになりました。

造幣局びらきの翌年が明治五年、その六月のあついころに、マリア・ルス号事件がおきました。このときパークスが休暇で帰国中で、若いワトソン代理公使が衝にあたったことは、すでにのべました。ワトソンは、古武士のような風格の副島が大すきだったのです。好きになった契機としてささやかな〝事件〟があるのですが、いまはそれをのべているゆとりはありません。

ともかくも、ワトソンがマリア・ルス号事件にこうまで首を突っこんだのは、持前の正義感

――当時のイギリス人の大きな側面でもあります――によりますが、ひとつには、大好きな副島に、手柄をたてさせてやりたかったという動機がないでもなかったようです。

副島外務卿は、むろん、奴隷船に怒りを覚えています。しかも、その奴隷が、副島にとって親近感を感じさせるひとびと――中国人――なのです。副島は、中国が好きでした。しかも、相手は、日本と条約を結んでいないペルー共和国なのです。つまり、ペルーは治外法権を日本においてもっていません。日本国は、自国の主権によってこの問題を処理しようと思えばできるのです。

「国際法上、それをやればどうなるか」

ということについての虎の巻、生きたアンチョコが、副島のそばにいます。外務省がやとっているお雇い外国人が、それです。副島はよく検討し、断固としてやろうと決意しました。もっとも、そういう副島に対し、〝そういうことをやる権利はわが国にはない〟という意見が政府部内にありましたが、副島はそれらの意見をもちいず、実行にあたって現地の神奈川県の権令《ごんれい》である大江卓（一八四七～一九二一）にいっさいをまかせました。

大江卓は、土佐人で、自由と平等については多量の熱情をもっていました。かれはこの前年、神戸において、いわれなく差別されている階層を解放すべく政府に建白し、それによって差別呼称は廃止された、ということで新政府部内で知られていました。副島は、大江ならやるだろうと確信したはずです。

日本の法的立場について大江は、法律をもって雇われている外国人に十分意見をきき、甲論《こうろん》乙《おつ》駁《ばく》あるのを解放論で法解釈のスジを通した上、まずマリア・ルス号の出港の足どめをした。

さらに副島の意をうけて、神奈川県庁のなかに臨時法廷をひらき、船長ヘレラおよびそして脱走清国人木慶を召喚した。

この法廷での経過は、略します。要するに、日本側が出した判決は、

「船長は無罪とし、かれがマリア・ルス号に乗って日本領海を出ることはさしつかえない。ただし、奴隷二百三十一名は、これを解放する」

というものでありました。

この裁判は、大事件でした。法の解釈上の大事件でした。日本に、第三国の積荷（奴隷です）についてとやかく言ったり、それを解放せよと命ずる権利や資格があるのかないのか。このことをめぐって、当時日本に駐在していた各国の外交団のあいだで、大いに論議されました。

いわば、

「文明の名において」

日本が裁くのです。

途中、混乱もありました。マリア・ルス号船長ヘレラ

神奈川県権令・大江卓（『フェリス女学院100年史』より）

が雇った横浜在住の英国人弁護士ディキンスが、

「なにも船長ヘレラのみが奴隷売買についてとがめられるわけあいがない。裁いている日本にも問題があるのではないか」

といいました。むろん、日本には、奴隷は存在しません。

マリア・ルス号事件解決を感謝して、在日清国人が大江卓に贈った大旆（たいはい）（神奈川県立図書館蔵）

「娼妓の売買がそれだ」
と、弁護士がいったとき、日本側は大きな衝撃をうけました。
大江卓は裁判の進行中において、大いそぎで政府に献言し、政府もあわただしく事をすすめて、娼妓についての人身売買を厳禁する布告（明治五年十月二日）を出し、かさねて、司法省から、布達を出しました。楼主が、その娼妓をかかえるにおいて多額の金をだします。その金を返せないから、娼妓は身をしばられているのです。司法布達は、
「娼妓・芸妓は、すでに人身の権利を失っているから、牛馬と異ならない。すでに牛馬である以上、人間に物を返済する必要はない。だから、抱えぬしが貸した金を返す必要はない」

という意味の痛烈な文句が入っています。

これが、明治維新の気分というものであります。

西園寺公望が、〝まじめに四民平等を実行にかかったとき〟と述懐し、さらに〝いまよりもはるかに自由〟だったというとおり、これが明治維新の精神でもありました。

国家もまた老いると動脈硬化をおこします。明治国家もその誕生早々の若々しいときは、このように世界性を身につけようとしていきいきしていたときがあったのです。

第七章
『自助論』の世界

明治国家とキリスト教という話をします。

といって、宗教くさい話をするつもりはありません。第一、私はキリスト教には関心がありますが、クリスチャンじゃありません。

ごぞんじのようにキリスト教には、大別して旧教（カトリック）と新教（プロテスタント）の二つがあります。

明治時代はふしぎなほど新教の時代ですね。江戸期を継承してきた明治の気質とプロテスタントの精神とがよく適ったということですね。勤勉と自律、あるいは倹約、これがプロテスタントの特徴であるとしますと、明治もそうでした。これはおそらく偶然の相似だと思います。今回の主題は、この偶然の相似についてのことです。

もっとも〝似ている〟というのは、くりかえしますが、勤勉と自律、あるいは自助、それに倹約といった重要徳目だけで、他は似ていません。厳密好きな人がこれを聴いていて、苦情をおっしゃるといけませんので、ヘチマとヒョウタンが、蔓のぐあいや葉が似ているという程度の似方だと申しあげておきます。またキリスト教の一特徴は、教義の上で妥協ということがありません。その点、日本の仏教にせよ、神道にせよ、また風土全体が、大変妥協好きでやや無原則でもあります。明治の精神とプロテスタンティズムが似ている、といえば、とんでもない、とクリスチャンの方でお怒りになる方がいらっしゃるかもしれませんから、あらかじめ予防線を張っておきます。

本題に入る前に、二、三雑談をします。

どうもこんにちの日本は、おなじキリスト教でも、世がかわって――明治時代とはちがい――カトリックのほうがうけいれられている時代のようですね、といっても、日本人はキリスト教に好意をもちつつも、ぜんたいとして信者の数はすくないんです。新旧あわせて六十万という所だそうですね。まことに少ない。明治後、カトリックも新教もたくさんの学校や病院を日本でつくったのに、そしていまも、カトリックの上智大学、聖心女子大、聖公会の立教大学、プロテスタントの青山学院、明治学院、関西学院、神戸女学院、広島女学院、西南学院、あるいはキリスト教主義の同志社大学など、たくさんのいい大学があるのに、こんなに信者がすくないというのは、投下資本——資本ということばが不穏当だとしますと、そそぎこんだエネルギーもしくは真心——のわりにはみのるものがすくない、まことにキリスト教にとって厄介な風土だと思います。

同志社大学の名前が出たついでに申しますと、この学校はいわゆるミッション・スクールでなく、創立者の新島襄《にいじまじょう》（一八四三〜九〇）のキリスト教精神でできた学校で、ふるくから神学部もあります。新島は、キリシタン禁制の江戸時代に成人して、文久三年、二十歳のとき——新撰組が京都であばれていたころです——上海や香港で刊行されていたキリスト教関係の漢訳書籍を入手し、キリスト教につよい関心をもったのです。かれは上州安中《あんなか》藩板倉家の江戸屋敷にうまれ、武士でありました。こっそり函館までゆき、そこからアメリカ船ベルリン号（ウィリアム・セーヴォリー船長）に乗りました。この密出国の動機についてを、新島は、後年、ふりかえって、

「この挙は、藩主や両親をすてるということではない。自分一個の飲食栄華のためでもない。まったく国家のためである。自分の小さな力をすこしでもこの振わざる国家と万民のためにつくそうと覚悟したのである」

と、まことに明治人らしい。文久三年の新島襄という無

新島襄（同志社社史資料センター蔵）

名の青年の精神は、のちの明治国家の精神でもあったでしょう。

ついでながら、このとし、長州藩も、藩としてこっそり留学生を出していました。幕府には内密に、二人の青年をロンドンに送ったのです。のちに明治国家の政治をうけもつにいたる伊藤博文と井上馨の二人でした。翌々年には薩摩藩が十三人の藩士を密出国させています。そのうちの寺島宗則はのちの明治国家の外務大臣になり、また五代友厚《ごだいともあつ》は、大阪であたらしい実業をおこしました。

かれらはみな藩という公《おおやけ》が派遣した留学生だったのですが、新島はそうではありません。私的に、日本を脱出して、アメリカに向かおうとしたのです。偉大だと思います。

新島から、日本脱出について相談されたウィリアム・セーヴォリー船長は、日本人の密出国をたすけてもし発覚すれば、日本との貿易の上で大変不利になることを知っていました。かれは断るべきだったのですが、新島のねがいをうけ入れたのは新島の愛国心に打たれたと述懐したといわれています。

新島はアメリカに十年いました。基礎教課の学校を出てから、アーマスト大学——いま同志社と姉妹校になっています——に入り、ここを出てさらに神学校に入りました。

その間、日本では急速に歴史が進みました。幕末の騒乱がおわり、明治国家がはじまったのです。明治七年（一八七四）、かれは、ヴァーモント州ラットランド市の伝道教会の年会で、演説者として指名された。

新島は、日本で革命がおこなわれたことをのべ、

「しかし、あたらしい国家は、大きな方針をまだみつけていない。わが同胞三千万の幸福は、物質文明の進歩や政治の改良によってもたらされるものではない」といったあと、「自分は日本においてキリスト教主義の大学をつくるつもりである。その資金が得られなければ日本に帰れない」とまでいいました。新島という人は、エキセントリックというより、自分で自分を責めてそのあげくに自分を鼓舞してしまうといったはげしい性格をもっています。

それだけに、聴衆にあたえた感動は大きかったのでしょう。演説がおわるや、一人の紳士がたちあがって、一千ドルの寄付を申しこみました。当時の一千ドルというのは容易ならざる金額です。このひとは、Pater Parkerというお医者さんでした。場内、つぎつぎにたちあがって、たちまち五千ドルあまりの寄付があつまったといいます。大きなお金です。

新島が演壇をおりたとき、かれの前にまずしい服装の老農夫が近づいてきて、二ドルをさしだしました。かれのあり金ぜんぶでした。この二ドルはかれが家に帰るための汽車賃だったのです。歩いて帰るつもりだ、とかれはいいました。

新島がえらいというより、この時代のアメリカには、そういう気分が横溢していたようです。アメリカは、プロテスタンティズムでできあがった国で、この十九世紀の後半は、ひとびとの

創立当時の同志社（同志社社史資料センター蔵）

なかに真実に神がいましたし、この社会が共有する理想は動かざるものでした。また人類は進歩すべきだし、進歩は幸福をもたらすものだという信仰は、ゆるがないものでした。さらには、アメリカ人を特徴づけるところの善意というもののあふれた時代でもありました。

そういうアメリカの新教的熱気の贈りものとして同志社大学というものはできたのです。しかし日本にクリスチャンがふえるという形においては、右のアメリカのクリスチャンたちの期待と善意にどれだけ応《こた》ええたかといえば、数字の上ではまことに寥々たるものであります。

カトリックにふれます。この旧教のことを、それが入った戦国時代から江戸時代にかけて、日本人はキリシタンとよんでいました。

〝キリシタンはおそろしい〟

というのは、江戸期二百数十年のあいだに、日本人の心にしみこんだものでありました。むろん、幕府の政策によるものです。幕府の最高の禁制が、国外に出ないこと——つまり鎖国——とキリシタン禁制でした。キリシタンであることがわかれば、火あぶりの刑に処せられてしまいます。

「キリシタンは国を売るのだ」

とも、江戸期の多くの日本人は思いこんでいました。

キリシタン禁制というのは、豊臣政権のときにはじまりました。なぜ秀吉は禁教方針をとったのか、よくわかりません。ただ、推測するための二つの重要な事実があります。

秀吉が九州平定のためにその地にやってきてみると、こんにちの長崎の地がイエズス会の教会領のようになってしまっていることに驚くのです。これによって秀吉は禁教を決断した、といわれています。秀吉は、いかに小さな土地であっても、日本の土地が侵略された、と思ったのでしょう。

そういう点、イエズス会というのは宗教に熱心なあまり、無神経なところがありました。宣教師たちは、神の側についた九州の大名の領地の寺や神社を焼かせてしまったり、指導者然として政治にまでくちばしを入れました。九州にやってきた秀吉の目には、九州の半分ほどが、イエズス会のものになっているような印象をうけたかもしれません。

ともかくも、この時代のイエズス会は、宣教師はみなヨーロッパにいる神父とは別人のようにまじめで戦闘的で、命を惜しまずに活動しました。それだけに、あきらかにやりすぎました。

それに、ポルトガル商人が、奴隷として日本人を買うんです。日本人たちを船に押しこめ、ときには鎖でつなぎ、食物も十分にあたえずに労働させ、病死すれば海中にすてるということが、たえずありました。ポルトガル商人とキリシタンとは印象としては一枚の紙の裏と表のようなもので、すくなくとも日本人たちは、宣教師が奴隷売買をしているとは見ていないものの、かれらが、自分の教徒であるポルトガル商人に対しそれを制止しないことは知っていました。かれらからみれば、未開の地——つまり異教の国——にくれば自国の商人たちが異教徒を奴隷として売買している光景に鈍感であったことはたしかでしょう。秀吉は教会側に対し、この奴隷売買についてはげしく詰問し、やがて禁教令を出しました。もっとも秀吉の禁教令は、徳川幕府のキリシタン禁制にくらべると、なにかゆるやかだったような気がします。

ただ、秀吉のカトリックへの警戒心は、年ごとにつよまりました。秀吉の死の数年前の慶長元年（一五九六）九月、土佐浦戸に漂着したスペイン船があります。秀吉は五奉行の一人である増田長盛にこの一件をとりしらべさせました。

ちょっとここで申しておきますが、イエズス会はポルトガル国とセットになっていて、この両者は日本で苦労をし、日本での布教を生きのびさせるためにさまざまなことをしていました。

ところが、遅れて日本にやってきたカトリックの中のフランシスコ会は、あまり日本知識がなく、苦労知らずでもありました。フランシスコ会は、スペインと表裏一体になっています。スペイン国王をスポンサーとしていて、かれらが植民地にしたフィリピンを根拠地としていました。このスペイン船の船長は、スペイン人ですから、つまりは日本については無知です。無知ですから、増田長盛に対しても態度が大きくなってしまいます。日本など小国なんだ、スペインは世界をおおう大国なんだぞ、ということを長盛に教えて恐れ入らせてしまうために、世界地図をひろげて、

「どうだ、これだけが、スペイン領なんだ」

と、いいました。本国は小さいが、フィリピンから南北アメリカ大陸までもっているのです。長盛はなかなかずるい。わざとおどろいてみせて、

「なぜ、本国は小さいのに、領土が世界にわたっているのかね」

とききますと、ばかな船長は図《ず》にのって、「それはこうだ」といいました。

「まず、キリシタンの宣教師を征服したい国にまず派遣して、その民を教化するのさ。そのあと、軍隊を送り、それらの信徒を内応《ないおう》させて国をとるのだ」

といったというのです。

この問題は、秀吉に報告されました。諸大名も、この情報をえます。豊臣政権に次いで日本を統治した徳川政権も、多くのひとびとは、この話を言いつたえとしてきいていて、共通の知識にしておりました。

徳川幕府は、ついに寛永十年（一六三三）「鎖国令」を出します。これはキリシタン禁制と表裏をなしており、江戸幕府最大の国禁でした。くりかえして申しますが、キリシタンとはカトリックのことで、プロテスタントはこのかぎりではありません。

幕府は、鎖国令という国家最高の禁制下においても、暗箱に針でついた穴のように、長崎を開いていました。二つの国だけにかぎって通商をゆるしていました。一つはキリスト教と無縁である清国、もう一つは、オランダです。オランダがヨーロッパでもっとももまとまったプロテスタントの国であることは周知のとおりです。

政治は、ときに自分にとって都合のいい伝説をつくります。一つの政治がある伝説をつくって三十年宣伝しつづければ、ひとびとが信じてしまうといいますね。それが三百年ですからね、カトリックはわるいぞ、これを信ずると死刑だぞ、というような禁制をつづけると、たとえば、幕末、長州の革命家で木戸《きど》孝允《たかよし》のような人でも、カトリックはよくない、あれはおそろしい、と思っていたようです。

以下は、挿話です。

幕末、長州藩が幕府に追いつめられてにっちもさっちもゆかなくなったころ、土佐脱藩の坂本龍馬が、

「いっそ、キリシタンを扇動すればどうだ」

と、いいます。革命家というのは、目的のためにはなにを言いだすかわからないもので、坂本のように、平衡感覚があって、志士としてはめずらしくあたらしい国家の構想をもっていた人でも、思いつきをしゃべったりしたのでしょう。そのころ、いまの長崎県の離れ小島などに、隠れキリシタンがいるということは、坂本の知識の中にあったのでしょう。しかしかれらの信仰はずいぶんと土俗化していて、それにおだやかに世をすごしているひとびとで、革命の戦力などにとてもなるようなものではありません。おもしろいのは、こういういわば、思いつきのホラに対し、木戸孝允が大まじめに対応したことです。

「冗談じゃない、キリシタンなど」

と顔色を変えたといいます。

じつをいうと、明治国家は、明治元年（一八六八）に新国家を成立させて、六年間もキリシタン禁制だったのです。

旧幕時代、札《ふだ》の辻《つじ》とか、高札場《こうさつば》というのがありまして、高札に、何々しちゃいけない、切支丹は禁制《きんぜい》であるということなどが書かれてありました。明治国家も、初期は法がととのわず、西洋流の法治国家とはいえません。旧幕府をひきついで、人のあつまる場所に、幕府時代と似たような高札をたてる。切支丹はいけない。禁制である。……だから、明治維新は複雑ですな、世界と平均化する、つまり国際化する、具体的にいえば世界共通のルールを持つ、さらにいえば、世界と似たような法治能力をもった国をつくる、という面もあります。そういう普遍性へのつよい志向においては、これまた普遍性のひくからぬキリスト教に対して当然寛容であるべきなのですが、反面において、つよいナショナリズムをバネ、あるいは爆発力にしてできあがった新国家でもあります。ナショナリズムは、当然、内向《うちむ》きなものです。内で、固まろう。そして外からの攻撃をふせぐ——尊王攘夷ですね——そういう面からいえば、普遍性を拒否するというサザエのようなかたくなさをもっています。もっとも、おなじ普遍性でも、江戸末期以来、科学技術については日本人ははちきれるような関心をもっておりました。また幕末にありまして、日本人たちがもっともつよい関心をもったのは、国際公法でした。科学技術という普遍性もすきですし、法という普遍性もすきなのです。

そして、国際公法というものを好もしく誤解していました。

文明というものは、国家間のいざこざでさえ法で解決するものだと思っていたふしがあります。国際公法のことを、当時「万国公法」とよんでいました。

坂本龍馬に、こんなエピソードがあります。真偽定かならざるエピソードです。龍馬は剣客のあがりで、しかも一八十センチの身長があったのですが、ふつうよりもみじかい刀をさしていました。龍馬が大好きで、何でも龍馬のマネをしていた檜垣《ひがき》という同藩の者が、龍馬にならって、みじかい刀をさしていました。ところが、つぎに龍馬に会ったとき、龍馬は刀の時代はすぎたよ、おれはこれさ、といってピストルをみせました。檜垣はあわててピストルを工面してきて持っていますと、そのつぎに会ったとき、龍馬はふところから万国公法を出してみせて、

「これからの世は、これさ」

といったといいます。できすぎた話で、おそらく龍馬の死後、たれか旧知の者が作った話でしょうが、「万国公法」へのあこがれや期待というものが、よく出ている点で、おもしろい話だと思います。

そういうわけで、明治国家は普遍性へのあこがれがつよかったことはたしかですが、キリスト教に関してだけは、ぴしゃりと窓をしめておりました。

当然ながら、各国の外交団から評判がわるうございました。とくにフランスはカトリック国で、日本風にいえばキリシタン国です。ここで大いそぎでのべておきますが、明治国家は日本に居留する各国の居留民のための教会施設は、むろんみとめておりました。

問題は、国内です。

長崎。ここは、あれほど幕府のキリシタン禁制がやかましかったにもかかわらず、戦国時代以来のキリシタンがこっそり仏教に擬装して信仰をまもっている人が多かったのです。さきにのべ

た隠れキリシタンです。

長崎は、旧幕時代、清国とオランダに対する唯一の通商港で、ここに幕府は長崎奉行を置いて、貿易の監督と天領（幕府領）の行政にあたっておりました。長崎奉行は幕府にとっても大変な要職で、西洋人たちはこの職のことを、

「総督《ガヴァナー》」

とよんでおりました。幕末、幕府は各国と条約をむすんだとき、それを継承した明治初期国家の場合と同様、長崎の居留地において各国が教会をたて、各国民がそこで礼拝する権利をみとめました。そこで、幕末の文久三年、長崎大浦の地に大きな天主堂――カトリックの教会――が建てられはじめたのです。

この天主堂は、日本のカトリック史にとって重要なものになりました。昭和八年、建物は〝国宝〟に指定されました。ここは昭和二十年八月九日の原爆投下によって大きな被害をうけましたが、のち修復され、いまも美しい姿をわれわれにみせてくれます。

このお堂の建立に力をつくした神父さんの一人にプティジャン（B. T. Petitjean　一八二九〜八四）という人がいます。えらい人です。いまも、長崎には、長崎で骨をうずめたこの神父さんの名を知っている人は多いのです。

プティジャン神父は、フランスの片田舎の船大工の子としてうまれ、やがて神学校を出て司祭

になりました。一八六三年、つまり明治維新の五年前、文久三年、長崎に上陸し、一八六四年一月、天主堂の建立に力をつくしました。工費が三万フランもかかりました。めでたくできあがって（十二月二十九日）、献堂式《デディケーション》がおこなわれたのは、太陽暦の一八六五年二月十九日でした。

この日、大変なにぎわいでした。あたらしくお聖堂《みどう》ができたというので、港内の各国の軍船は、船長以下儀仗兵を従えて参列し、とくにフランス軍船は軽砲一門を陸あげして、二十一発の祝砲をうちならしました。

その日からひと月ほどたったある日、長崎の浦上という村から十四、五人の男女がお堂の見物にきました。

「浦上《うらがみ》」

長崎半島の基部にある村で、原爆の爆心地になった土地としてみなさんのご記憶にある地名です。ここは戦国末期、大村純忠というキリシタン大名の領地で、一村ことごとくキリシタンといわれておりましたが、江戸期も、浄土宗という宗旨を表向きにして、秘密裏に信仰を持続してきたのです。むろん、露顕すれば、死罪です。それでも信仰をまもる。宗教というのは、大変なものだったのですね。

この慶応元年三月のある日に、この新築された大浦天主堂にやってきた十四、五人の男女は、じつは浦上の隠れキリシタンでした。プティジャン神父は、むろんただの見物人だと思って、天主堂の中を案内してゆきます。建物の説明をしたり、壁画の説明をしたりしてゆくうちに、一人の婦人がプティジャンさんの前にひざまずいて、

「じつは、私どもは、信者でございます」

と、告白したのです。

日本のキリスト教元年というべき劇的な瞬間だったのですが、プティジャンの驚きとよろこびは、大変なものでした。

その後、浦上からどんどん信者がやってくるばかりか、遠く五島列島や西彼杵《にしそのぎ》半島の東シナ海に面した黒崎あたりからもやってくる。黒崎では、二百戸が隠れキリシタンで、死ねば死体の頭をローマにむけて（どういうわけか東むきでした）土葬し、死者のためにオラショをとなえました。

かれらが、ぞろぞろ出てきたのです。幕府の長崎総督である奉行は、手に負えなくなったのです。

さきに、坂本龍馬と木戸孝允のやりとりについて申しあげましたね。龍馬はこのころ長崎にいましたから、この〝事件〟をよく知っていたのでしょう。

浦上村では、村内に天主堂を四つもたてるというさわぎでしたが、慶応三年六月という、江戸

幕府の寿命の最後の年に長崎奉行は、ここに手入れをし、主要人物をとらえ、天主堂をこわしました。これに対し、カトリック国のフランス公使は大いに憤って、幕府に抗議を申し入れました。幕府は、自国の法と外国からの圧迫に板ばさみになりました。結局、信徒を放免しました。これが幕府の威信をおおいにおとしました。

そのうち、幕府は瓦解したのです。一八六八年のことです。

ひきつづいて新政府は幕府の長崎奉行所を接収して新政府の役所とし、たてふだ（高札）をたてて、

「切支丹、邪宗門の儀は堅く御制禁」

という法度をかかげ、役人をしてかれらに改宗するよう説諭させました。この点、旧幕府とすこしもかわりません。

が、いったん陽の下に出た信徒たちは、ふたたび闇の中にひっこもうとはしません。わるくいえば、外国の後楯《うしろだて》もあります。新政府は、威信上、せとぎわに立たされました。

結局、問題の処置は、中央政府があたらざるをえなくなりました。新政明治元年早々のことです。当時、政府は京都にあり、たまたま明治天皇が大阪にくだっておられましたので、三条実美以下えらい人達が、大阪の御堂筋の津村別院（西本願寺大阪別院）にあつまっていました。会議

がひらかれましたが、たれ一人、信教の自由を説く者はいません。キリシタンは国家にとっておそろしい、という感覚を抱いていた点では、かれらは革命の士とはいえ、江戸二百七十年の伝統の末裔でありました。

むろん、おだやかに処罰せよ、という意見はあったかと思いますが、結局は、国法をふみにじったということでもあり、また禍根をこのさい根だやしにしてしまうという気分もあって、厳罰をもってのぞむという方針に決定しました。

厳罰論を主張しつづけたのは、長州の総帥木戸孝允でした。木戸という人は、節操のかたい人ですが、物事を考える上で柔軟な思考をもった人です。その人にしてなおこのようにキリシタンぎらいであるというあたりに、もはや骨髄にまで入ってしまった江戸幕府のキリシタンへの非寛容さというものの深刻さを考えるべきでしょう。

その処分は、長崎の信徒三千余人を各藩にわけてこれを監禁するというものでした。その処分中、人民には接触させない。なにか、病原菌の保菌者のあつかいのようでした。

このころからキリシタンという言葉はあまりつかわれなくなり、耶蘇《ヤソ》教ということばがつかわれるようになりました。耶蘇、イエスのこと。となると、耶蘇教ということばにはプロテスタントもこれに入ります。

この明治元年の新政府の処置に対して、各国公使は大いに憤りましたが、例によって各国公使の代表は、口八丁、手八丁、さらには、激怒するポーズが絶妙に上手な英国公使パークスでありました。かれはこの会議のころ大阪にいました。お公卿さんあがりの三条実美に、大いにねじこんで閉口させ、ついては

「邪宗門の邪とは何事だ。われわれ欧米人はみなクリスチャンなんだ」

とまでいいました。

新政府は、パークスに対抗するには、しゃべりだせばとまらないほどの雄弁家で、しかも肝っ玉もある若い肥前佐賀藩出身の大隈重信をさしむけるしかない、と思い、年若い大隈に全権をあたえました。大隈の回想録によりますと、論争にあたってパークスの性格をしらべました。「傲慢にして虚喝手段をもって談判をすすめるくせがある。しばしば激怒し、ときにその言動が狂暴になる。しかしながら、かれの性格には一点だけからりと晴れたところがある」

会議は、大阪の本願寺別院でおこなわれた。午前十時にはじまり、夕方四時におわり、喧嘩わかれになりました。この間、両者、昼食もとっておらず、通訳を通しながらも、ぶっつづけでした。もっとも日本側は、えらい人達もならんでいます。喋るのは大隈だけです。なんだか滑稽な情景ですな。

六時間ぶっつづけとなれば、議論の巧拙よりも、体力でしょうな。この明治元年で、大隈は

生年まだ三十であります。十歳上のパークスは、なんだ、こいつは若僧じゃないか、とおそらく思ったでありましょう。それに大隈の身分が一判事にすぎないと知って、

「私は大隈とは話ができない。この人物は身分がひくすぎる」

と、一発やりました。ただし、なみ居る日本側のえらい人が、「この男を日本政府代表にしているのだ」といったので、この一発は不発になりました。ともかくも、西洋人は子供のころからディベイト＝討論を訓練されています。鷺《さぎ》を烏と言いくるめる技術です。当時の日本人は武士としての素養の上からいっても寡黙をよしとし、議論がうまいということを、さほどに美質であるとは思っていません。幕末・維新を切りぬけてきた革命家たちも、議論下手でした。大隈だけがどういうわけだか、その点で稀少な才をもっていました。

大隈は、佐賀藩きっての開明家で、旧幕時代に蘭学も英学も学んできた男であります。開明家としてのかれはよほど容積がひろいのですが、それでもキリシタンを容れるほどには至っておりません。というよりも、かれはたとえそれが悪法であっても法は法である、法は守られねばならぬ、という法治国家主義者でした。かれがそういう思想をもっていたことは、日本古来の政治慣習を通観し、日本文明の統治上の本質は儒教でも仏教でもなく、法家《ほうか》だと一言でのべつくしたことがあるのをみても、察せられることであります。私も同感で、このあたりの洞察眼は大したものです。

大隈は、正直な男もしくは正直を演出できる男でもありました。正直ということを、プロテスタント——英国人もそうです——の国のひとびとがいかに尊ぶかについても、よく知っていたはずです。

「私はじつは長崎で、問題のキリシタンを捕縛し、詰問した役人の一人だ」

と、いいました。パークスは、驚いたでしょう。

「いまの日本の国情からみれば、耶蘇教の禁制はやむをえない。それについてはあなたには異論があろう。しかしこれは日本国がきめた法律なのだ。そしてその法をもって自国の人民を処分しようとしている。そのことについて外国からの干渉はうけられぬ。じつをいうと、外国の公使であるあなたと、このことについて討論する必要を私はみとめていない」

と、大隈ははげしくパークスに打撃をあたえています。むろんパークスはだまっていません。バン、とテーブルを撃ち、「なんとばかなことをいうか、信教の自由は世界の公理だ。世界中に、半開国も野蛮国もある。それでもなおクリスチャンをクリスチャンであるからといって弾圧しているようなばかな国はないぞ」

大隈は、これに対し、

「ともかくも、日本国が、いちいち国内のことをやるのに外国の公使からの指図をうけぬ。もし日本人が外国人の指示に従うような時代がくれば、日本国は必ず滅亡するだろう」

といったりしました。

ともかく、物別れに終ったのです。

そして、長崎問題もキリシタン禁制が解かれる明治六年まで、片づかなかったのです。浦上や黒崎の信徒たちは各藩の牢に入れられ、多くの人が病死しました。かれらが解放されて、その信仰をみとめられるのは、明治六年になってからです。

この明治六年の禁制を解くということについても、大きく国内に号令が発せられたわけではありません。ただ、「キリシタン禁制」の高札が撤去されただけです。大きく解禁をいうには、政府としていまいましかったのでしょう。そんな消極的なひっそりとした方法であっても、それだけで、カトリックとプロテスタントについての信仰の布教の自由はみとめられたのです。


さて、話を変えましょう。

私はキリスト教には好意と関心はもっていますが、なにぶん異教徒ですから、これから申しあげることは、いいかげんであるかもしれません。

日本のカトリックの正史をみると、カトリックとしてまことにちゃんとしたものであることに驚かされます。なんといってもキリスト教が、この国の大地から生えてきたのではなく、遠くからきたものです。それを受け容れただけの国ですから、かえって優等生の面持《おももち》があります。

大体、戦国時代にやってきたカトリックも、創設早々のイエズス会ですから、会士たちの戒律のきびしさ、教義上の厳格さは大したものであります。当時、ヨーロッパではカトリックは、ずいぶん堕落してましたが、（いま思うとウソのような堕落です）イエズス会だけは、きわめて少数ながら、きわだってまじめでありました。例外のような会でした。ザヴィエルもそれにつづくひとびとも、命がけで日本にやってきて、清廉をまもり、多くが異境で現世を終えたのです。神父さんとはそういうものだ、えらいものだ、というイメージが、日本人のどこかにあります。それらは、初期イエズス会士がつくったものです。崇高とは、こういう現象をさすのでしょう。

しかし、本場のヨーロッパではずいぶんいいかげんな神父や、物欲のつよい司教様もいました。だからこそイエズス会の奮起があったのです。ローマ・カトリックがいかに腐敗していたかは、ザヴィエルとほぼ同時代のエラスムスの『痴愚礼讃』を読んでもわかります。

ここで大いそぎでつけ加えねばなりませんが、ローマ・カトリックの歴史がじつに能動的な歴史だったということです。あたらしい歴史的現象がおこると、逃げずに血みどろになって対決し、みずからを強くしてきました。地動説がおこったときも対決し、やがて賢明な沈黙をし、科学がめばえるころになるとそれと対決し、ついにはそれをとり入れ、人間中心の人文思想がおこると、それとまっさきに正面から対決してきて、決して逃身をそらしたことはありません。これが、ヨーロッパそのものをつくったといえるローマ・カトリックのつよさというものです。

そのようにほめておいてから、くさします。

近代に入ってカトリック国というのは、フランスをのぞいて、どうしてふるわない——という語弊がありますから、——風変りなものになったのでしょう。マフィアの産地のシチリア、そしてイタリア、スペイン、ポルトガルなどは、カトリックの国です。そして中南米の諸国。なにをもって風変りというか、と怒る人がいるにちがいありません。自律、自助、勤勉というプロテスタンティズムからみて風変りだ、ということなのです。

プロテスタントの国とは、たとえば、イギリス、ドイツ、デンマーク、スウェーデン、そして一九五〇年代までのアメリカ合衆国。さらにこれにつけくわえるとすれば、江戸時代をふくめた日本です。日本はプロテスタントの国じゃありませんが、偶然似たようなところがあるのです。それを言いたくて、今回の主題を喋っているのです。

〝明治国家とプロテスタンティズム〟明治日本にはキリスト教はほんのわずかしか入りませんでしたが、もともと江戸日本が、どこかプロテスタンティズムに似ていたのです。これは、江戸時代の武士道をのべ、農民の勤勉さをのべ、また大商人の家訓をのべ、さらには町人階級の心の柱になった心学《しんがく》をのべてゆきますと、まことに偶然ながら、プロテスタンティズムに似ているのです。江戸期の結果が明治国家ですから、これはいよいよ似ている。ただし、決定的に似ていないところがあります。ゴッドとバイブルをもっていない点です。

カトリックというのは、思想的にも儀式その他の芸術的な面においてもすばらしい伝統をもっているのですが、私ども異教徒からみれば、また十九世紀末までつづいた厳格で敬虔なプロテスタントからみると、のんきなものですね。信徒にとっては。いっさいを教会と神父様にまかせて、自分はのんきにしていればいい、つまり信心と信仰の習慣さえあればいい、信者がいちいち神の有無とか神学的な問題にかかわってゆかず、無智な羊のままでいるほうがいい、神父さんがすべてなんとかして下さる、罪をおかせば告解をすればそれだけでいい。……これは、ある時代までのことですよ、いまのカトリックはそうじゃありません。

プロテスタントは、こうはいきません。

ご存知のように、プロテスタント・新教は、十六世紀におこりました。ドイツの神学者マルティン・ルーテルや、おなじく十六世紀のフランスの神学者ジャン・カルヴィンによっておこされ、とくにカルヴィンはイギリスに大きく影響し、清教徒ピューリタンを生み、英国史に十七世紀のピューリタン革命という大変動をもたらすことになります。さらにはその前に、清教徒たちがアメリカへわたり、法と契約と義務による自由な社会の基礎をつくります。

いまは昔の話ですが、プロテスタントからカトリックをみれば、おなじ人間かとおもえるほどにちがっていた時代がありました。ある時代まで、カトリックにおける人間は、教会がつくった見えざる柵のなかにいる羊たちであったでしょう。村の教会の神父さんは、村人のくらしのすみずみまで面倒を見たものでした。村人は農業や牧畜といった生産的なしごとをしていればすんだのです。人間は、精神的に教会に飼われていました。ただし、これは過去形で申しています。こんなぐあいでは、もし商工業が勃興するような時代になると、カトリック的な人間たちは、それについてゆけなくなりました。これも、過去形のことですが。

ローマ教会や神父さんたちを介在させずに、何の太郎兵衛という自分一個と神との関係でゆこうというのが、プロテスタントでした。プロテスタントでは、信徒自身が聖書を読みます。神父に読んでもらわなくても、自分で読みさえすればそこに神のことばが書かれているのです。むろんプロテスタントにも牧師さんもいますし、教会もあります。これらはカトリックの神父や教会とちがい、信徒の自律的な信仰の維持を介ぞえしてゆくだけです。（ばかにプロテスタントをほめているようですが、これも歴史のある時代までのことです。こんにち、アメリカのプロテスタントはセクトの細分化がはなはだしく、教会としての威厳において、一枚岩のカトリックにとてもおよばなくなっています）

とにかくも、歴史的プロテスタンティズムのことをここで話しています。……そういうわけでありますから、プロテスタントにおける個人は、カトリック時代の十倍、百倍も重くなるという言い方もできたでしょう。重くなるというのは自分自身がこの地上に存在することの責任と努力の量がずっしりと重くなることでした。しかも、独りでいても、神との関係はたえまなくある。神はじっとみている。神は、のがれようもなく一個人と関係がある。

バルトという人は二十世紀のプロテスタントの神学者です。私は昭和二十年代にバルトの考え方について専門家からうかがったことがあります。たしか、

——神は個々に対して垂直の関係にある。

そんな表現があったように思います。

私は非教徒ですから、露骨にいってしまいますが、十六、七世紀、ヨーロッパでさかんになった商工業というビジネスに参加するには、カトリックの農村からやってきて、すぐ間にあうというものではありません。ビジネスに参加するには、個人の資質や徳目が大切です。そうあるべき個人は、プロテスタント的に、ビジネス全体に対して責任感をもっている個人です。ビジネスというのは近代の重要な要素ですが、目にみえませんね。目にみえないビジネスの組織や刻々動いていく状況に対応するには、個人の重みです。重みとは、自律、自助、正直という責任感。このプロテスタント的徳目が世界の近代をつくったわけですな。正直というのは、自分だけがインチキしてふところに入れて私腹をこやさないということです。一つのビジネスに百人が参加していて、一人だけが私腹をこやしているとなると、ビジネスそのものが動かなくなります。

話が急転しますが、明治時代、政治家や官吏、教育者の汚職というのがほとんどなかったです

な。これは、十九世紀までのプロテスタンティズムと、偶然似ています。

こういう調子の、いわばざっかけない世間ばなし風にこのことを申しあげますと、例をアイルランドにとります。アイルランドはご承知のようにカトリック国で、少数のプロテスタントがいます。カトリックの人は、こんな悪口をいいます。

――プロテスタントの主婦は、たえず掃除をしたり、家具を磨いている。磨くものがなくなると、ドアのノブまでみがいている。

清潔、整頓。これがプロテスタントの美徳です。なんのために整頓をするか。それは、翌朝、すぐ仕事にとりかかれるからです。ビジネスの基本です。

これに対し、アイリッシュ・プロテスタントは、アイリッシュ・カトリックの悪口をこのようにいいます。

――かれらは、作業場で使った道具を片づけずに帰るんだ。あくる日、他の人がその道具をつかう場合、まずさがすことからはじめねばならない。

日本の江戸時代の大工さんがきいたら、肝をつぶすでしょう。江戸時代の大工さんは、作業場をきれいに片づけて帰るのです。自分の工具についても、自分のたましいであるかのように、たえず砥いだりみがいたりして、ピカピカにしておきます。江戸期日本は、プロテスタントによらずして、こうだったのです。大工さんのみならず、このような労働倫理や習慣が、明治国家という内燃機関の爆発力をどれだけ高めたかわかりません。

マックス・ウェーバー（一八六四～一九二〇）、二十世紀初頭に活躍した偉大な社会科学者、思想家でありました。とくにプロテスタンティズムと資本主義の精神について深い洞察をした人です。プロテスタンティズムについては、とくにその禁欲主義に、意味ぶかい重点をおいています。

かれの家は、プロテスタントでした。その父は法律を学んだり、市役所の助役をしたり、代議士になったりした人ですが、その実家はゆたかな織物工場の経営者でした。こういう環境のなかで、プロテスタントは金を借りれば必ずかえすが、カトリック教徒はどうだろう、とか、労働者はプロテスタントにかぎる、かれらはかげひなたというものがない、といったような話をさんざんきかされて育ったでしょう。私どもが、マックス・ウェーバーの本がわかったようでわからないのは、ウェーバーのように、新教と旧教の入りまじった環境の中でうまれ、育たなかったからです。ウェーバーは、プロテスタントが厳格なあまり、他人に対してもときに冷酷になるといったことを、英国の清教徒革命を推進したクロムウェルを通してとりあげています。

私の話は、ともすれば余談におち入りがちです。さきをいそがねばなりません。

明治初年、日本に伝道にきたキリスト教関係者は、主としてプロテスタントだったことは、すでにのべました。

そうそう、新島襄のことが尻切れとんぼになっています。

新島襄が密出国してアメリカのアーマスト大学を卒業し、さらにプロテスタントの神学校に入っていましたとき、木戸孝允《きどたかよし》に会っているんです。

新島襄は、明治四年の段階ではまだアメリカにいました。このとし二十九歳でした。ときに初代の駐米公使（当時は、弁務使といっていました）である薩摩人森有礼《もりありのり》（一八四七〜八九）に会い、正規の留学生として公認されたのです。明治六年が耶蘇教解禁ですから、耶蘇教徒である新島襄を正式の留学生にするのはおかしいのですが、森有礼はそんなことよりも、新島の語学力を買うほうにポイントを置いたのでしょう。森は、新島に会った翌年、岩倉具視を団長とする欧米視察団（木戸孝允、大久保利通、伊藤博文ら）といった大物がアメリカにくるということを知っていたのです。通訳が必要でした。かれは、ひょっとすると新島に案内をさせようとしたのかもしれません。

その大規模な視察団が、ワシントンの木々が芽吹くころにやってきました。新島は命ぜられて木戸孝允付きといったあんばいで、二カ月の行程を共にしました。木戸の重要なテーマは、教育施設の視察でした。新島にとってもお得意な分野です。

新島は木戸を女学校に案内したり、コロンビア大学に案内したりしました。

ついに母校のアーマスト大学に案内しました。のち、国立の札幌農学校（北大農学部）で教えることになるウィリアム・スミス・クラーク博士（一八二六〜八六）にもひきあわせます。またクラーク博士が学長をしているマサチューセッツ州立農科大学にも案内しました。クラーク博士は、のち日本にきて八カ月間、札幌農学校で植物学を教え、その植物学以上に、生徒に人格的影響を与えた人であることは周知のとおりです。

　クラークは、プロテスタントでもって人格を作りあげた人物でした。札幌の生徒たちもそのことがよくわかりました。かれは明治九年（一八七六）七月に着任し、翌年三月、当時生徒たちがおおぜい、クラークの用意した「イエスを信ずる者の契約」に署名したといわれます。このなかに、明治期の武士道的なクリスチャン新渡戸稲造や内村鑑三がいたことは、いうまでもありません。クラークの感化力は大変なものでした。かれが離任のとき、〝Boys be ambitious!〟といったことばは札幌農学校のみならず、明治の青年の心に、灯をともしたことは、ご存じのとおりです。

クラーク博士

　さて木戸たちは、まだヨーロッパを見ていません。アメリカが最初の外国であり、アメリカの官吏以外に親しく接したアメリカ人はクラーク博士でした。そして、民間の日本人としては、耶蘇教の神学を学んでいる新島襄にもっとも濃厚に接しました。キリシタンぎらいの木戸の心はおそらく急速に融けたでありましょう。

　クラーク博士は、木戸を、ホリョークの神学校にまで案内したのです。明治元年のキリシタン弾圧者は、どんな心境だったでしょう。

　木戸は、この間、新島の人物にすっかり惚れこみました。第一、新島は文明開化かぶれもしていませんし、アメリカかぶれもしていないのです。このことに木戸はおどろき、滞在中（明治四年）三月二十二日付の日記に初対面の印象として「頼むべき一友なり」と書き、後日（四月一日付）の日記にも「彼の厚志・篤実、当時軽薄・浅学之徒、漫《みだり》に開化を唱ふるものとは大いに異り、余徒と交わり、自《おのずか》ら旧知の如く、その益を得ることすくなからず。後来、頼むべきの人物也」と書いています。

　木戸と同行していた田《た》中《なか》不《ふ》二《じ》麿《まろ》（一八四五〜一九〇九）、これは尾張藩出身で、のち文部省、外務省、あるいは司法省の大官になる人です。新島が木戸や田中にプロテスタンティズムについて語ると、田中はほとんど同化しそうになるまで感じ入ったといいます。田中その人が、じつに謹直で、その人柄は古武士のようでありました。一面考えると、田中は、敬虔なプロテスタントといった感じの人でありました。

　明治初年の知識青年をとらえたプロテスタンティズムとは、要するに、主をうしなった武士たちが、あたらしい主である神を得た、ということでもありましょう。

さきの札幌農学校の内村鑑三は関東の高崎藩士でした。新渡戸稲造は奥州の盛岡つまり南部藩士でした。明治のプロテスタントには、天下をとった薩長の士がすくなく、むしろ佐幕派の藩とくに関東および東北の、明治のときにわりを食った藩出身者に多かったような気がします。

さきにのべた坂本龍馬は、明治維新の数カ月前、慶応三年十一月に京都の下宿で暗殺されました。下手人はさまざま取沙汰されましたが、のち、当時の幕臣で、京都の見廻組《みまわりぐみ》に加わっていた今井信郎もその一人だということがわかりました。

今井は、明治後の徳川藩の藩地である静岡で天寿を全うしています。熱心なクリスチャン――むろんプロテスタント――であるばかりか、伝道師として世を終えました。

中村敬宇（正直）訳の『西国立志編』

幕末・明治初年のベストセラーが福沢諭吉の『西洋事情』であるとすれば、それに匹敵するか、あるいはしのぐほどの明治初年の大ベストセラーは、中村敬宇《けいう》（正直《まさなお》　一八三二～九一）の翻訳『西国立志編《さいごくりつしへん》』でした。もとの本は、英国の著述家サムュエル・スマイルズ（Samuel Smiles　一八一二～一九〇四）の『自助論』（*Self*

Help）でした。

さて、この話、どこを糸口にして紹介すればいいか。……中村敬宇は幕臣でした。それも幕府の最高学府だった昌平黌《しょうへいこう》きっての秀才で、秀才といえば、中村敬宇ほどの人は、まれなのではありますまいか。かれにどれほど独創性があったかをいっているのではなく、博覧強記、そしてその性格は、じつに謹直でした。敬宇は独りを慎む人で、たれも見ていないところでも、心身ともつねに端然としていました。ということは、かれはのちに耶蘇教徒になるのですが、それ以前から、プロテスタンティズムを人の形にしたような人でした。

「敬虔《けいけん》」

というのは、明治時代にできた日本語です。英語のパイアティ（piety）からの翻訳語です。敬虔というのはプロテスタントにとって重要な哲学用語といってよく、神という絶対者に自己のすべてを捧げようとする姿勢をあらわすことばです。これは明治時代、日本語としてよく使われ、いまも生きています。

中村敬宇は、クリスチャンである前から、武士道的なパイアティをもった人でした。

かれは若くしてすでに大儒でした。幕府はこの秀才を、幕末の慶応二年（一八六六）、英国に留学させます。途中、幕府の瓦解をきいて明治元年、あわただしく帰国するのですが、そのときはすでに幕府は瓦解していました。徳川家は一大名になり、静岡県に移っておりました。江戸の旧幕臣たち、家族をふくめて数万人が静岡に移っておりましたが、その生活は悲惨なものでありました。

敬宇は、かれら元旗本・御家人の子弟たちに、真の勇気をあたえるためにかれ自身が愛読していたサムュエル・スマイルズの『自助論』を翻訳したといわれています。

スマイルズというのは、通俗哲学者といいますか、そんなにえらい学者でも思想家でもありません。スコットランドうまれのプロテスタントで、お医者さんだったり、地方新聞の主筆であったりといった人で、この『自助論』というのは、まあ立身出世主義の書といえばミもフタもありませんが、ともかくもそこに説かれている徳目は、ことごとく英国プロテスタントが共有していた徳目であります。

独立心をもて、依頼心をすてよ、自主的であれ――おなじことですが――誠実であれ、勤勉であれ、正直であれ、実例に即してくりかえし『自助論』で説かれるこれらの徳目は、清教徒《ピューリタン》以来の英国プロテスタンティズムそのものであります。それに神が登場しないだけのことでありま す。中村敬宇の翻訳はじつに名文でした。原文以上だといわれています。題を『西国立志編』とし、明治四年――じつに早い時期ですね――に木版刷りの本で出版され、数十万部が売れたといわれています。この場合、重視すべきことは、この本がこれほど読まれたという点でしょう。つまり、この本の徳目に共鳴するような倫理的風土がすでに日本の社会にあったことをあらわしています。ともかくも、明治時代を象徴する本を一冊あげよ、といわれれば『西国立志編』つまりサムュエル・スマイルズの『自助論』がそうでしょう。

私は、明治維新前後に伝道のためにやってきたプロテスタントの牧師たち——多くはアメリカ人でしたが——がいかに魅力的な人が多かったかについても語りたいのですが、それを話していると、この回の主題がすこし甘っぽくなりますので、申しあげません。日本人がいまだに、ローマ字表記をする場合に、ヘボン式を用います。ジェームス・カーチス・ヘップバーン。つまりヘボンさんのことなども語りたいのですが、割愛します。

戦国時代、フランシスコ・ザヴィエルを皮切りにしてやってきたイエズス会士がじつに選りぬきの人物だったように、明治初年にきたプロテスタント牧師も、いい人が多うございました。日本ほどキリスト教化することのむずかしい国もないといわれていますのに、第一級の伝道者にめぐまれたというのは、ふしぎなほどです。

かれらは、まじめでした。ですから、日本人はいまでも、

「クリスチャン」

といえば、まじめという印象を重ねます。

それにひきかえ、仏教僧はどうか、本願寺僧侶などは、まっさきに反省します。われわれは酒

を飲んだりしてじつにふまじめじゃないか、せめてプロテスタント牧師のように禁酒しようじゃないかということで、明治二十年八月、京都の西本願寺から「反省会雑誌」（のち「反省雑誌」）という倫理的な雑誌がうまれます。これは十二年つづき、本社を東京に移し、雑誌の名もかわります。いまの「中央公論」の前身がそうです。この「反省会雑誌」は、仏教僧侶でさえ、〝神なきプロテスタンティズム〟にあこがれた、という証拠の一つでありましょう。明治の精神をこの面からみると、じつにわかりやすいように思えるのです。

第八章

東郷の学んだカレッジ——テムズ河畔にて

ロンドンの冬は雲が厚くて、スリガラスの下にいるようです。冬の曇天といっても、日本の北陸の雲のように、いつ大雪になるかわからないという活発なものではなく、すべての景色を銅版画のように静かなものに変えてしまうだけのように思われます。そのなかを、テムズ川が、黒ずんだ鋼色《はがね》の水をたたえて流れています。

きのう（一九八八年十二月五日）その下流の岸辺にある小さな学校を訪ねたのです。職業学校です。“Merchant Navy College”（商船学校）です。この学校に東郷平八郎が、一八七三年（明治六）に留学していたのです。訪ねてみてその規模の小ささに拍子ぬけする思いでした。私は、日本の東京商船大学とか神戸商船大学を想像していたのですが、どちらかというと、海員養成所といった感じでした。明治国家の希望をになった国費留学生が、こんなところで訓練されたのかと思って、ふしぎな思いが致しました。

初老の校長先生にお会いしたとき、学校への第一印象が消えました。潮風で知性をみがきあげたといった堂々たるオールド・ネーヴィでした。東郷のことできたというと、大変歓迎して下さって、図書主任のボルトンさんという女の先生を紹介して下さいました。おかげで、当時の考課表「レジスター・オブ・ボーイズ」"Register of Boys"という生徒たちの記録を見せてもらうことができました。教会の聖書のように重々しくて古めかしい、そして当時の校長先生の筆跡がそのまま残っている文献でした。そこに「TOGO Hehatchi」、[Date of Birth][14th Oct 1857]と書かれていました。このことで、明治六年にここに入学した東郷が、じっさいの年齢の二十六歳より十歳若く登録していたという意外なことがわかりました。じつに感動的なことでした。

といいますのは、商船学校の入学者というものは、だいたい十六歳から十八歳ぐらいだったようですね。本当は、昔から、英国の海軍にしても、商船にしても、オフィサーの候補者というのは十四、五から船に乗せるのが一番いいとされていました。船のいろいろな業務に必要な注意力その他を養成するには、二十歳をすぎるとやはり無理らしいですね。だから、こういう学校は、少年を採用するのです。

東郷は、もういい齢でした。ところで、この人は本来なら、日本のオフィシャルな政府派遣ですから、ダートマス Dartmouthの海軍兵学校に行くべきところでしたし、日本政府はそのように希望しました。しかし外国人は、ロイヤル・ネーヴィの奥座敷には入れてもらえなかったのです。そんなわけで、東郷はツテを頼って、それに代るべきものとして、この"Merchant Navy College"に入ったのです。

この学校についてのべます。学校は、ロンドンから車で一時間ちょっとで、ダートフォード Dartfordという町を通過してほどなく、テムズ河畔のグリーンハイス Greenhitheといい、ろくに村もないところにあるのです。古びてしまって窓ガラスも何もない村の修道院がそばにあって、

Merchant Navy Collegeにて東郷の考課表を見る（1988年12月5日）

これは東郷さんは見たでしょう。学校の校舎は、これは東郷さんの時代とずいぶん変ったようで、いまはコンクリート造りの平屋建てになっています。

英国の商船学校の場合、本来は船そのものが学校でした。そのために、ウースター号"Worcester"が岸辺に係留されていました。東郷さんは初代ウースター号のときに、この学校にい

ました。

船も代がわりしてゆきました。ウースター号は二代目、三代目と続いて、その三代目がスクラップにされて、四代目はもう存在しないのです。じつは、この学校は廃校になるらしいんです。サッチャーさんの教育合理化の方針で、予算が窮屈になっているときききました。海運業の全体的な衰退とも、かかわることかもしれませんが……。事実、この学校の在校生をみますと、英国人は女の子がわりあい多く、そして東南アジアの人とかインドの人とかアフリカの人が入っていて、みな、あどけない顔して勉強しているんです。ただし、東郷さんのころは、どうも外国人は東郷さんだけだったような感じがします。


船乗りというのは、もはや、世界的に見て先進国――いい言葉ではないんですけども――とよばれる国々のひとびとは船乗りにならない傾向にあるようですね。むしろ、開発途上国の人が船乗りになる。

かつて帆船時代は、船は手間のかかるものでした。船の乗組員は、たとえば客船の場合でも、お客と同じくらいの人数が必要だったといわれています。それが、今は五、六人で何万トンというタンカーを動かす時代になってしまいました。ですからもう、船を操縦するというシステムまで変わってしまって、それやこれやで、この訓練学校も、もう終わるのかと思うと、学校の粗末な桟橋の上で、寂しさをおぼえました。

校長室に案内され、ウースター号の初代、二代目、三代目の写真を見せてもらったとき、恋人の古い写真をみるような切ない思いをもちました。

東郷さんがこの学校で乗った初代ウースター号は、むろん帆船でした。上甲板に古めかしい大砲があって、また真ん中の……つまり、帆船時代の商船というのはおなかから大砲を何十門もギュッと出しますね。右舷何十門、左舷何十門、砲甲板が二段になってまして、なかなかたくさん大砲を積んでいるんです。しかし商船です。大砲というのも海賊おどしの古い形式のものです。海軍士官が養成されるべき船じゃないですね。

東郷さんの好きな学課は、国際法でした。また海の貿易に関する商法に興味を持ったようでした。いずれも、軍人が興味をもつような学課じゃなくて、この点、人間研究の上で興味がありますね。

当時、東郷さんというのは草創期の日本海軍でも最下級の士官でした。少尉の見習いでした。二十七歳になってもまだそんな低い身分で、どこか間が悪くて人よりも出世が遅かったらしいことなどが、むしろこの人らしさを感じさせます。

考課表「レジスター・オブ・ボーイズ」を見ますと、彼に対する校長先生の評価がなかなかいいんですね。そのなかで、お行儀とか、品行、注意力といったものはベリーグッドでした。「V. Good」と記されている。これは相当な評価ですね。ただ、才能「Ability」ということになると、たんに「Good」でした。

当時の校長先生が、世界の東郷になったとき、在学中を思い出して、「東郷はすばらしい青年だった。在学中は彼をいじめようとする者が一人二人いたけれども、やがて彼をいじめなくなった」と語っています。いじめをひっこめさせたのは、東郷の気迫だったのでしょう。気迫というのは、あの人は本当に薩摩隼人としての少年期に養われたものでしょう。薩摩隼人というのは、生《なま》に存在するのじゃなくて、薩摩国では「兵児《へこ》」と言いますが、訓練されて「兵児」になるのです。幼少のときから訓練を重ねて一人前の「兵児」になる。かれは鍛冶屋町という、薩摩の城下としては場末のいわばサムライ団地に生まれました。八十戸ばかりの区画のなかの一区画として東郷家があって、別の区画として大久保利通の大久保家があって、さらに大山巌の大山家があって、そしてまた西郷隆盛の西郷家があった。かれは西郷隆盛の弟さんにお習字を習ったりして大きくなっていって、そして、戊辰戦争に出てゆくわけですね。

当時、日本海軍のオーナーというべき存在だった山本権兵衛が、東郷は運のいいやつなんだといっています。日露戦争のとき、かれを連合艦隊司令長官に選んだのは、それが理由だったそうです。賭けについた男という意味でしょう。まず武運にめぐまれていた。たとえば戊辰戦争の期間、重要な海戦にはつねにかれがいました。たとえば阿波沖でかれの乗っている薩摩の「春日」という軍艦が、幕府の「開陽」と遭遇しまして、これはとてもじゃないけど「開陽」の敵じゃありませんが、そこで海戦があって、お互いに交戦しながら引き分けになりました。その現場にもいたというのが、武運です。そして、「春日」は生き残っている。ついていたわけです。

それから、戊辰戦争のたけなわになると、旧幕府の榎本艦隊が箱館まで行きます。かれらは戦力があり、士気もさかんでした。政府軍の軍艦が宮古湾に集結したときに、旧幕側は夜中に襲撃します。「回天」という幕府の軍艦が一隻で殴り込みのようにして襲撃してきたのです。そのときも、東郷さんは現場にいました。さらには箱館戦争もむろんちゃんと勤めて、そして帰ってくる。

戊辰戦争が終わると、全員が解散です。

だから、身の立つように、どうにかしなきゃいけない。たとえば山本権兵衛の場合、戊辰戦争は陸軍で行って、たしか藩の下士官のような仕事をしていました。東京で解散したとき、山本が、日高壮之丞という友人と相談して、相撲取りになろうと思いたちました。二人で、〝陣幕〟という薩摩藩お抱えの力士のところへ行く。陣幕というのは、いま、井筒部屋に陣岳という相撲取りがいますね、あれは薩摩出身の親方、もと鶴ケ嶺が興した部屋ですから、おそらく陣幕のイメージで陣岳というシコ名がつけられたんだろうと思うんですけど、……。ともかくも当時は有名なお相撲さんでした。

そのお相撲さんのところへ行って、「相撲取りになりたいんです」といいました。サムライが相撲取りになるっていうのは、よっぽどの思い余ってのことでしょう。思えば、戊辰戦争というのは、勝ったほうにとっても放ったらかしだったんですね。ところが、陣幕に断られました。「あなたたちは話を聞いてると、ずいぶん頭の働きがいい。この道はあまり頭の働きのいいやつは——頭のよし悪しという意味じゃありませんよ、頭の反射の早い人間というのは相撲ではあまり成功しない。諦めてほかの仕事を探しなさい」ということだったそうです。幸い、海軍兵学寮が築地にできるという話をきいて、そこへ入るんです。山本権兵衛は近代海軍の創設者で、この人がいなければ日露戦争はどうなっていたかわかりません。

東郷さんの場合、戊辰戦争がおわったとき、薩摩藩の三等士官でした。

幸い、新政府の海軍に横すべりして、なんとか最下級の士官としてありついたんですけれども、やっぱり留学したかったようですね。小柄で、顔立ちのいい青年でした。ただ、どこに取り柄があるのかわかりにくい人でした。

以下は、いつの時期の話か知りませんですけれど、明治政権は明治十一年まで、ある意味では大久保利通の政権といっていいんですが、かれのところにはサロンのようなものがありまして、薩摩の青年たちが大久保さんの話をきいてたり、座談をしていたと想像してください。

「近頃国《くに》（薩摩）の者でおもしろそうなのがいないか」

と、大久保が一座の者にききました。たれかが

「東郷平八郎というのがおもしろそうですが」

というと、

「平八郎なら、俺《おれ》は知っちょる」

知ってるのは当たり前です、大久保の生家と東郷の生家は近所同士でしたから。

ついで大久保は、

「ああしゃべっちゃね」

と、にがりきった顔をしたそうですね。後年、東郷は無口なことで有名で、サイレント・ネーヴィの象徴のようにいわれたんですけれども、おしゃべりだったとは意外ですね。

おそらく、これが回り回って東郷さんの耳に入ったと思うんです。東郷さんがしゃべらなくなったのは、それからじゃないかと思うんですけどね。

何にしてもうまく英国行きの話があって、東京で、江戸時代から有名だった箕作阮甫《みつくりげんぽ》さんという人のところに行って英語を少し学んで、そして英国へ行って、七、八年（一八七一〜八）英国

に滞留しました。その期間の真ん中の二年が"Merchant Navy College"(商船学校)の在学期間でした。その前後はやっぱり英語を身につけるために普通の学校に行ったり、数学や他の学問を身につけるために個人教授をうけたりしました。

ともかくも東郷さんは二十六歳といういわば高齢でマーチャント・ネーヴィ・カレッジに入ったんです。在校生には十四、五歳の子もいるんですから二十六歳にもなったおじさんが、子供のような人達と一緒の動作をして――子供にはかないやしません――一緒に学んだんです。子供の陽気さ、子供のおちゃめ、全部いいオトナはついていけるはずがない。近代国家を成立させるというのは、大変ですね。

言葉もこみいったことになるとわからないし、それから、他の少年たちの冗談がわからなかったろう。しかも、一人の少年は東郷さんをいじめまして、ジョニーとか、チャイナマンとかいって、からかいました。ついでながら、当時、ジャップという蔑称はまだ一般につくられてなかったと思います。代りにジャニー――ジャニーというのは、幕末の文久年間に伊藤博文と井上聞多と呼ばれていた井上馨とが、ジャーディン・マディソン商会の船でこっそり藩の命令で密出国してイギリスに留学するとき、汽船のなかで水夫の仕事をさせられるんですね。そのときに、ジャニー、ジャニーと呼ばれたといいます。蔑称です。東郷さんはそれよりちょっとあとなんですけど、ジャニーじゃなくて、ジョニーといわれたといいますな。

何にしても、この考課表を見て、「アビリティ・グッド」と記されているのが印象的でした。才能はまあまあということでしょう。一方、行儀のよさとか注意力は満点でした。このあたり、東郷さんの全体が感じさせられるようで、おもしろいですね。

先ほど、日本海海戦の話が少し出ましたが、戦争の後半でバルチック艦隊がやってくる。これに負ければ日本はロシアの植民地に、これははっきりなったでしょう。海戦で負ければ、いわゆる満州の戦場にいる陸軍は、全部根が絶え、枯れていくだけです。そして、中途半端に勝っても、ロシアの軍艦はウラジオストクに潜り込んで、そこから出てきては日本海を通商破壊すると、日本海における陸軍は補給を受けられなくなる。ですから、やってくるバルチック艦隊は一隻残らず沈めよ、というのが東郷に課せられた大命題でした。

こんなバカなことはないんで、戦争ですから、よく行って六分四分、ネルソンの場合だってそうでした。ともかくも一隻も残らず沈めよという絶対命題は、異様なことでした。

山本権兵衛はすでに秋山真之《さねゆき》に目をつけてました。かれは十代の後半に東京大学の予備門に入った松山出身の若い士族でした。好古《よしふる》という兄が陸軍にいまして、まだ尉官ですからその給料から弟の予備門の学費を出すのはつらかったようです。それに、好古は、弟の真之が予備門の途中で文学づいて、正岡子規とお団子みたいになってくっついているのがやりきれなかったようですね。この兄は、いつの間にか、真之を大学予備門からもぎとって、築地の海軍兵学校に入れた。そのときに、子規が帰ってくると、下宿の机の上に、君とは、共に文学をやろうと約束したのだが、自分は他の道を進まざるをえなくなった。これでもう生涯会うことはないだろう、という真之の置き手紙があったといいますね。

ともかくも秋山は海軍に入ります。大尉ぐらいのときにアメリカのワシントンの日本公使館付きの武官になっていくわけですが、このときの任務は、おそらく海軍事情視察だったろうと思うんです。ちょうどアメリカはスペインと戦争をしていて、それを観戦した。艦船の出し入れや、どういうものを積んでいくのか、日本としてはいろいろなことを知りたかったのです。また、秋山はフィラデルフィアの造船所で、日本が注文した軍艦がドックにのっています。おどろいたことに、ロシアが注文した艦も、同じ造船所の船台にのっていました。それやこれやを見たり感じたりして来いというのが内密の任務だったろうと思うんです。

それに、アメリカ海軍には、マハン大佐という戦略家がいました。当時、退役だったと思うんですけど、海軍戦略の研究家でした。だいたい、世界的に有名な海戦が古くからありましたが、いずれも軍艦同士の叩き合いであって、全体としての戦略や戦術というものはなかったんです。海軍に戦術なし。軍艦の叩き合い。

しかし、秋山に密かに与えられている命題からいえば、軍艦の叩き合いはどうにもならない。

つまり各個に相撲をとるようなものですから、勝敗は半々でしかない。ロシアの生き残った半分はウラジオストクへ逃げ込んで、さっきも申し上げたようなおそるべき結果になるはずです。戦術。戦史にないそういうものを開発して、なんとか全ロシア軍艦を日本海に沈めてしまわないと、これはどうにもならない。

秋山に課せられていたのは、それでした。滞米時代から、数年後の日本海海戦で最後のロシア軍艦が沈むまでの間……普通の人ならノイローゼになるでしょうね。

さて、秋山はマハンを訪ねました。どうも双方あまり呼吸が合ったような様子ではなかったらしい。ところでアメリカといえば、いまは大した国ですけれども、明治三十年（一八九七）ごろは、まだ大英帝国とポンドの時代で、アメリカといえば国全体が成り上がり者でした。産業と金融とが――むろんドルは世界通貨じゃありません。ポンドが世界通貨のころです――まだ荒っぽく沸騰しているだけの状態の国でした。

それに、当時のアメリカは戦争好きな国じゃなかった。だけど、ヒョンなことで戦争をやったのが、米西戦争でした。これはどうも、アメリカ人はどう言うか知りませんが、やっぱり侵略的な、多分に弱り目のスペインにもう一打撃与えてフィリッピンの一つもとってやろうということや、南米に対する発言権を確立しておこうというところなどがあったんでしょう。まあそれは余談です。

とにかく、アメリカ海軍のやり方は、基本的にはイギリス海軍のやり方から出たものなんですけども、アメリカらしくシロウトが考えた合理主義やアイデアをどんどん出していくところがあって、秋山がみてもずいぶんちがった海軍になっている。たとえばいろんな軍艦が、順を追って出ていくわけですが、その軍艦の名前は何だといって、その名前は小さく書いてあるだけですからよくわからない。それをデッカイ数字で番号を打って他から識別しやすくする。いま何という軍艦が出ていった、二番が出ていった、五番が出ていった、七番がいま準備しているとか、むろん固有名詞はついているんですけども、そのようにすると、水兵から士官の偉い人まで、その軍艦が出ていく姿が見やすくなる。いわば英国ふうの名人芸というものを否定して、誰でも参加できる考えで海軍をつくっている。

そういうことは秋山のものの考え方をずいぶん刺激するところがあったろうと思います。日本の海軍は、築地の兵学寮時代、英国からまねいたダグラス少佐（Archibald. L. Douglas）が種子をまいて育ったものです。ダグラスの任期は二年でしかありませんでしたが、その影響力はじつにつよく、そのまま秋山らに引き継がれてます。つまり日本海軍は英国式でした。

しかし戦術にかぎっては、秋山は英国式であることを想念の中でやめました。かれはアメリカ滞在中なのか、滞在を終わって東京へ帰ってからなのか、小笠原さんという子爵の家――これはもとのお大名です――に瀬戸内海の能島水軍の戦術書がありまして、その和綴じの本を借りてきて丹念に読んでいた。

丹念に読んでいますと、それを同僚の海軍士官がわらいまして、「そんな古ぼけた本を読んでるのか」といった。秋山は「いや、白砂糖というものは黒砂糖からつくられるものなんだ」と答えたといいます。これは、秋山のアメリカでの収穫でしょう。物の考え方は自分を自由にするしかないということをかの地で勃興する諸事象をみて得たのだと思います。言葉を替えますと、すべてものごとをつくるのには型をみがくといった名人芸は必要ない、何か自分で考えついた……つまり、どんなものだって、発想の種になるというか、自分がモノを考えてる場合、瀬戸内海の古くさい水軍だって自分にむかってすばらしい発信をしているかもしれない、ということでしょう。

もし秋山が、イギリス海軍の先例にのみ学び、たとえばイギリス海軍がやってたネルソン提督の例とかいろいろなものを学ぶだけで終始してたら、日本海海戦はああいうかたちにはならなかったでしょう。

さて、日露戦争のことです。東郷は当時、舞鶴かどこかのヒマな鎮守府司令長官として、ここで定年を待っているだけの存在でした。

その東郷がにわかに連合艦隊司令長官に抜擢される、というのは誰もが想像しなかったところでした。山本権兵衛の選択でした。

話のはじめに出てきた日高壮之丞というのが当時海軍中将でした。当然俺がなると思ってたのに、山本め、俺を裏切ったというんで、海軍司令部へ乗り込んで山本の部屋に行って——短刀をのんで——山本の返答のしかたによっては差し違えるつもりでした。こういうところは当時の薩摩の人間にはあったんです。ねじこんできた日高に対し、山本権兵衛の答えは明快でした。今度の戦争は、君のような者の出番ではない。君は勇敢で強引で何でも自分勝手にしようとして、しばしば東京の命令を聞かない。今度の戦争は東京の命令を聞いてくれなきゃ困るんだ。それには東郷がおとなしくていい。……

さらに山本は、東郷というのは運がいいんだとも言い添えました。バクチは、運のいい人間に打たせなければいけません。日高は了解して朗らかに明るく引っ込んだといいます。

東郷と秋山とがそれまで知り合いだったかどうか。東郷の側では初対面だったろうとみていい傍証がいろいろあります。東郷が連合艦隊司令長官になった段階では、東郷の下に、土佐出身の島村速雄という、ちゃんとした兵学校出のキャリアを持った参謀長（少将）がいました。第二艦隊「出雲」の司令官です。大胆で有能で緻密な頭と大きな総合的な判断力とを持った人で、この島村が東郷さんに「私のスタッフに秋山真之というのがいます。すごい男ですが、ただ行儀が悪いんです。ひょっとすると起きるべき時間に起きてこないかもしれないし、敬礼もうっかり忘れるかもしれません。それを大目にみて下さいませんか」と耳うちした。東郷さんは行儀のいい人ですから、他人の行儀に対しても関心があったと思うんです。「いいよ」といって秋山を作戦参謀に起用したわけです。むろん大筋は山本権兵衛の配慮でした。ここで出来上がった関係であって、そして、日本海海戦の全作戦が三十余歳の秋山に任されたわけです。

統率者としての東郷さん自身、自分の役目は、艦橋に立ちつくして死ぬことだと思っていたでしょう。

私は、二十余年前、横須賀に係留されている「三笠」(第一艦隊旗艦となった)を訪ねて、ブリッジにあがったことがあります。ブリッジっていうのは、じつに高い。軍艦のマストの真ん中ぐらいに畳二畳敷か三畳敷ぐらいの小さな板敷の、鳥が巣をかけたようにしてある場所ですね。そこに司令長官がイザというときに立ちます。立ってもすぐに下りてくるものなんです。司令長官というのは、そのように弾がどんどん飛んでくる場所にいるべきものではないということが、どこの海軍にもありますから。

ところが、東郷さんは、長い海戦中、そこから微動だにしなかったというのは、自分の役割をそのようにきめていたということでしょう。当時の連合艦隊とバルチック艦隊のお互いに射ちあいをはじめる距離というのは、正確には忘れましたが、だいたい六、七千メートルとかそんなものでしょう。海の六、七千メートルというのは、相手がじつに目近《まぢか》に見える。向こうの顔さえ見えそうな近さから打ち出される大砲の弾というのは人間に生物的な恐怖をあたえます。また軍艦というのはゆらゆら揺れていて、われわれシロウトだと高所恐怖症になりそうです。海戦中は至近弾がずいぶん「三笠」のまわりに落ちました。落ちるたびにデッカイ水柱が立ちます。その水が艦橋に落ちてきたり、しぶきをあげたりして、雨の中にいるようなものだったでしょう。東郷さん、全然うごかなかった証拠に、終わったあと、彼が下りていったときに白い靴跡が残っていたそうです。だから、そこで死ぬつもりだったんでしょうね。

艦橋で旗のようにして立つ東郷と頭脳の秋山、部署々々で働くひとびとといった役割分担がうまく行っている。日本人が持っている組織の力学といったようなものの一つの典型をなしたような感じがします。もっとも、このマネを太平洋戦争でもやって、型は破綻しました。基礎設計者の山本権兵衛を得ず、東郷を得ず、秋山を得ずして型だけマネをしても仕方ないことです。

秋山真之が作戦参謀した日本海海戦は世界的にはツシマ（対馬）海戦と言います。対馬は日本海の西の関門になっている。日本海の一番奥にウラジオストクがあるわけです。そこまでの長い海域での戦争でした。ですから、日本側としては対馬で叩いて、その敵を昼間の海戦でヨタヨタにしておいて、だんだん夜になると落ち武者狩りを水雷艇にやらせるという計画でした。その水雷艇は何段構えでどこそこに控えているというぐあいでした。水雷艇というのは、小さなボートで魚雷をかかえています。魚雷艇と考えてもいいかと思います。

バルチック艦隊が迫っているというときに、水雷艇の艇長だった水野広徳という若い士官は――松山出身です――後に、戦争は悲惨だというので生涯反戦論を唱え続けたすばらしい軍人でした。対馬の湾に自分の水雷艇とともにひそみながら、李舜臣の霊に祈ったといいます。十六世紀末の豊臣秀吉の朝鮮侵略のときは、日本にとって敵将でした。

一つの民族で名将を出すということは、――出さない民族もあるんですね。一つの民族でいろんな才能がありますでしょう。絵描きだとか小説家だとか、建築家だとか、学問の才能、そんなのが一時代に何人も出るんですけれども――名将という才能は一つの民族の長い歴史の中で二人か三人いれば多いほうなんです。まして、海の名将というのは少なく、すくなくとも日本海海戦までの日本史では一人も出してないわけです。それが、豊臣秀吉の朝鮮侵略のときに、朝鮮で李舜臣というすばらしい人が、当時のアドミラルとして非常に活躍する。朝鮮のことですから政情の複雑なところです。勝つとねたまれて牢屋に入れられるんです。そしてまた日本の水軍がやってくると、李舜臣は牢から出されて、日本の水軍をしばしば撃退する。ついに戦場で死ぬ。

その李舜臣の研究は、当時、李舜臣という名も韓国人は知らなかった。とっくの昔にわすれてしまっていた。李舜臣を発見したのは明治の日本海軍でした。その研究をやったのも明治の日本海軍でした。明治は模倣の時代であると同時に、さきに秋山の独創のくだりで申しましたように、過去の黒砂糖を精製して白砂糖にするという営みをおこなった時代でもありました。ですから、明治三十七、八年のころの日本海軍の士官は、李舜臣という名前を、学校で習い、本で読み、よく知っていたわけです。

で、李舜臣の霊に祈った、と当時、水雷艇の少尉だった人が書いています。同じ東洋人だから、ということだったのでしょう。もっとも昔は敵味方だったから李舜臣が祈りを聞いてくれるかどうか知りませんが。

まあ、結果は秋山真之の作戦通りになったわけです。バルチック艦隊は、三十八隻中、十九隻が沈没し、五隻が捕獲、病院船二隻が抑留、残る一二隻は逃走したものの、中立港湾が武装解除され、司令官以下六千人が捕虜になりました。日本側では水雷艇三隻をうしなっただけでした。

私は軍国主義者でも何でもありません。一つの民族——社会といってもいいですが——が、いろいろな経験をへて、理想に近い社会をつくろうとする。そういう向日性があります。日本社会も理想の社会をつくりたい。その理想の社会は、兵隊が威張らない社会、兵隊がひっそりしている社会、そして福祉がゆき届いた社会、誰でもその社会に参加したいと外国人が思う社会。それは、たとえば一時代のイギリスでした。そしてまた、一九五〇年代、六〇年代のアメリカでした。そういう社会を日本人も築きたいと思ってるけれども、自分の過去に対して沈黙する必要はない。

よくやった過去というものは、密かにいい曲を夜中に楽しむように楽しめばいいんで、日本海海戦をよくやったといって褒めたからといって軍国主義者だというのは非常に小児病的なことです。私はかれらは本当によくやったと思うのです。かれらがそのようにやらなかったら私の名前はナントカスキーになっているでしょう。

私は、『坂の上の雲』で日本海海戦を書きましてちょっと苦しみましたのは、日々変化する細部のことでした。たとえば、この軍艦は何日何時にどこにいたといったようなことです。軍艦は動いています。それが一つ間違うと何の意味もありませんし、しかしそれを間違えないように書いたところでそれは文学的な価値とは関係がないのです。労多くして功のすくない作業でした。

やっかいなことは、敵のロジェストウェンスキーという司令長官が乗っている旗艦「スワロフ」の最期についてでした。それが舵を砲撃され壊されて、艦体にも何発か弾を受けて煙が上がっている。舵を壊されているものですから、グルグル同じ場所で回りはじめた。ところが後続している軍艦で「アレクサンドル三世」という「スワロフ」そっく

第一艦隊の幕僚たち（中央・東郷平八郎、右端・秋山真之）
（公益財団法人三笠保存会蔵）

りの軍艦がありました。

で、あれは「スワロフ」か、あるいは「アレクサンドル三世」なのか、「三笠」のブリッジから見てもよくわからなかったらしいんです。東郷さんもよくわからなかった。東郷さんはツァイスの八倍の双眼鏡を持っていました。みんなほかの士官は二倍の望遠鏡でした。ついでながら、当時、英国でもフランスでも、海軍士官は二倍の望遠鏡をちょっと小脇に抱えて甲板を歩くというのが一番イキな姿だったといわれています。

東郷さんは、銀座でツァイスの八倍のドイツ製の双眼鏡を買って……日本に一つか二つきていたらしいんです。

「閣下いまのは何ですか」と幕僚がきくと「よくわからない。アレクサンドル三世かな、スワロフかな」ということで、いまだにわかっていません。「スワロフ」も「アレクサンドル三世」も沈んでしまったものですから。

何にしても、僕は「スワロフ」であると勝手にきめたのが、『坂の上の雲』を書く上での自分に対する規律を破ったことになりました。

秋山が〝黒砂糖〟から発見した戦術は、まずわが力をあげて敵の旗艦を破ることでした。古い水軍の戦法なのです。ですから、黒煙をあげてグルグルまわっているのが旗艦なのか後続艦なのかが、東郷たちの気になるところだったのです。

秋山が導き出した〝白砂糖〟は、もう二つあります。「わが全力をあげて敵の分力に乗ずること」それと「常に敵を掩《おお》うように運動すること」。後者が有名なT字型展開になりました。遭遇するにあたって東郷艦隊がT字をとりはじめたとき、「スワロフ」の艦上の一参謀は〝しめた〟と思ったといわれているが、それほど法則から離れた、異常な艦隊展開でした。

さて、東郷さんの出た商船学校のことに話をもどします。まことに、小さくささやかな学校でした。十五、六歳の娘さんが、ボートをロープでひきあげていましたが、〝ゆくゆくは船のコックになるんだ〟といっていました。たいていの女子在学生は、コック志望のようでした。

この学校を十九世紀にひきもどしても、とても海軍士官を養成する内容ではなさそうですね。そういう学校に、極東の無名の国の青年が、年を十歳もごまかして入学し、すてばちにならず、規律で最高点をとっていたことを思うと、胸の痛むような思いがしました。

第九章

勝海舟とカッテンディーケ――〝国民〟の成立とオランダ

ちょっと説明的なタイトルですが、「〝国民〟の成立とオランダ」というタイトルで話したいと思います。

いま（一九八八年十二月八日）、オランダのアムステルダムに来ておりまして、南郊のホテルの部屋でこのことを考えています。

勝海舟（一八二三～九九）は、日本史上、異様な存在でした。異様とは、みずからを架空の存在にしたことです。架空の存在とは、みずからを、〝国民〟にしてしまったことです。〝国民〟がたれひとり日本に存在しない時代においてです。さて勝海舟のことから話すべきか、あるいは海舟の若いころ、かれにとって海軍技術の教授だったカッテンディーケ（Kattendijke, Willem Johan Cornelis Ridder Huyssen van　一八一六～六六）のことから始めるべきか、まだ戸惑っています。

それよりも前に、〝国民〟という言葉の意味について申しあげるのがいいでしょう。社会科学の分野では、この概念の意味は確立しています。国民とは、近代市民国家（国民国家）の成立によって形成されるものです。その前に、封建的身分社会が崩壊していなければなりません。〝国民〟を定義ふうにいうと、まず「たれもが平等であると思っているし、げんに法のもとで平等かつ等質である。さらには、どの国民も、自分と国家を同一視している」そういうものを国民といいます。いうまでもなく、国民はフランス革命によって成立した概念で、この革命以後、フランスは世界最初の国民国家になった。

勝海舟

しかし、ヒョッとしたら世界最初はオランダだったかもしれませんね。オランダがスペインの束縛から免れて、いわゆる八十年戦争といわれる戦争を闘うことによって、スペインの束縛から解放されて自分の国家をもったのが一五八一年であります。フランス革命にさきだつこと二百年です。日本史では織田信長の晩年になります。

オランダ国民は、このあたりで、自分と国との関係を一体感でとらえるという観念を育てたような感じがします。その意味で、きわめてオランダは先進的で、世界で最初の市民社会（国民国家）だったといえるんじゃないでしょうか。

そのように〝国民〟であるオランダ人が日本にやってきたときは、豊臣時代をおわらせた関ヶ原の戦の年（一六〇〇）だったですね。

家康が徳川（江戸）封建政権（一六〇三）を確立したばかりのときであって、以後二百数十年をかけて非常に精密な封建国家をつくっていきます。これはこれで、わるくないものでした。二百数十藩に分れて、その藩ごとに自治があって、そして藩ごとに文化あるいは学問のそれぞれのちがいがあって、互いに競い合い、かつ商品経済をになう町人や農民が力を得てきて合理主義思想を展開し、それらが互いにからみあって、いわゆる江戸文化を高めたという点では、われわれの重要な財産だと思っています。しかし、幕末、いざ国際化するとなりますと、大変でした。ひとびとがみな立場がちがい、身分差があり、等質性というものはまったくなかったのです。

ご存じのように、幕府は、江戸時代の初期、プロテスタントのオランダと清国に限って長崎で交易するということを許しました。スペイン、ポルトガルを追放したように、オランダがもしカトリックであれば許さなかったでしょう。これは、よき選択でした。

その間、日本では、国内の商品経済もしくは流通経済、あるいは貨幣経済――一つの意味として使います――が非常に活況を呈しておりまして、江戸中期以後は、商業の国家なのか、封建国家なのか、ちょっとわかりにくいほどでした。それほど商業が活発になって、特に綿その他では、いわゆるマニファクチュアに近い生産形態をとって、そういう意味での商品生産も発達しました。このことは、結局、コメ経済としての幕府を、こういうゼニ経済がゆるがしていくもとになるんですけれども、そのことはさておきます。

ともかくも、日本中を巻き込んだ流通経済というものが出て、日本人の考え方をずいぶん変えていったと思います。つまり、ヨーロッパ的なものをうけ入れる手製の受信装置ができてきていたということです。くどくいいますと、ものごとを観念で考えるのではなくて、分量とか量と質と、それから流通の経路で考えていく。江戸中期以後の日本人にとっては、そういう考え方がもう普通のものになっていました。封建体制下の合理主義というべきものでしょうか。

一方、オランダと交通しているおかげで、長崎経由でオランダの文物が少しずつ入ってくる。それが日本中にたちどころに広がるというものではありませんでした。日本には、いろいろな国禁があったものですから、なかなか広がらない。むろん、オランダ人は、長崎の出島というところに、いわば柵の中に入れられた囚人のように住まわされていまして、市内見物さえ許されないという、大変失礼な処遇をしてきました。かれらが日本人と直《じか》に接するということは、幕末のギリギリを待たねばならなかったのです。

ではありましたが、書物その他を通じて、ヨーロッパ文明の考え方が日本の知識人にすこしずつ浸透しました。それは、日本的な合理主義が成長してきている部分とヨーロッパ的な合理主義とが〝私通〟といってはおかしいですが、闇のなかで通じたようなところがあって、それが江戸時代の思想に大きな影響を与えたように思います。

かといって、江戸時代を通じてオランダ学を野放図に皆さんがやるということではなくて、ずいぶん、禁止されたり、いろんな処置が講じられたあげくに、江戸末期になって日本式のオランダ学が花を開く。

そのころに成人したのが勝海舟でした。勝海舟は、幕臣の子なんですけれども、幕臣とは名ばかりで、きわめて低い身分の家に生まれました。

これからはオランダ学だということで、江戸でオランダ語を学びました。当時の少年勝麟太郎にとって、オランダ語は出世の手づるだったかもしれません。階級が上昇するためのバネになるものだと思っていたかもしれません。

当時、幕府が洋式海軍を起こすべく正式にオランダに海軍教師団を寄越してくれと要望し、そのとおりになりました。やがて安政四年(一八五七)、その教師団がやってきた。教師団の団長が、リッダー・ホイセン・ファン・カッテンディーケという中佐でありました。幕府の側は、幕臣をかれらの生徒にしました。勝もえらばれました。勝はオランダ語を知っているということもあって教務主任のような職を兼ねました。これが勝を歴史の上に押しあげるバネになっていくのです。

カッテンディーケ中佐

勝という無名の人物に対して注目したのはカッテンディーケでした。ついでながら、カッテンディーケ教師団は第二次教師団で、第一次のほうは、生徒のほうにさほどの人物がいなかったのか、あまり文献も残っていません。

ともかくも、若い海軍士官カッテンディーケと勝が、教師と生徒隊長といったようなかたちで相まみえることになるわけです。

カッテンディーケの回想録によりますと、勝はオランダ語を非常によく解し、そして聡明な人間であり、さらには「真の革新派の闘士」というように非常に強い言葉でほめています。真の革新派の闘士だったというこのはげしい言葉をキーにして、今回はお話ししたいと思います。

当時、すでに幕府は、かれらオランダ人たちが長崎市内を散歩することを十分許しておりましたので、カッテンディーケが長崎のいろいろなひとびとと交際しました。長崎は有力な町人の多い土地でもありましたので、カッテンディーケがそういう町人と話してびっくりしたことがあります。それより前、かれは、長崎の無防備ぶりにおどろいていました。かれは、「もし艦長が一名の士官と四十五人の陸戦隊をひきいて上陸すれば、おそらく簡単に占領できるだろう」とお

もっていましたから、長崎の商人に、

「そういう場合、町の防衛ができますか」

と、問いますと、その商人は、

「それは幕府のなさることだ。われわれの知ったことではない」

と、答えたというのです。江戸身分制では当然のことですが、カッテンディーケは驚いてしまう。これより前、日本と通商すべく長崎にやってきたロシアの軍艦がありました。これは、ロシアとしては最初の、当時としては世界一周をするような大変な国民的事業でした。艦長はクルーデン・シュテルン（一七七〇〜一八四六）というドイツ名前の（エストニア生れの）ロシア人で、大航海家であるとともに文章家であり、ヨーロッパの学界でよく知られた地理学者でもありました。そのクルーデン・シュテルンがその名著『日本紀行』のなかで同じようなことを書いていま す。わずかな陸兵でもって長崎を占領することができると。物騒なことでした。暴漢が往来する野道に、宝石箱をかかえた美女が無防備で眠りこけているようなものでした。美女は長崎でもあり、日本でもあったでしょう。

カッテンディーケはのちにオランダの海軍大臣をつとめた人だけに、視野も広く、政治感覚もあり、それに繊細な心をもった人でもありました。かれは日本のために、このことは大変なんじゃないかという話を、教務主任の勝に話したのではないか。

当然、話したでしょう。勝は一番オランダ語もできますし、この二人はたえず伝習所のことだけでなく日本のことや世界のことについて話し合っていましたから。二人の間の深刻な話については、勝は後年少しもそのことにはふれてません。この人は多弁な人ですが、すべてについて手品のタネを明かすということはほとんどなかったんです。

ご存じのように、江戸時代は士農工商に分れておりまして、武士は幕藩体制にいて、庶民は自分の身分に足をとられていましたし、武士はその所属する徳川家なり諸大名なりがそれぞれ〝天〟で、それを越えて物を考えるということをしませんでした。要するに、日本じゅうに人口の数だけ〝立場〟があり、立場を越えるということはなかったのです。それが封建制であり身分制というものでした。

「オランダの場合はどうなんですか」

というようなことを、カッテンディーケに勝が質したでしょう。

「オランダには憲法があります。オランダ人は、いかなる人といえども、ごく自然にオランダ国民です。自分の身と国とを一体のものとして考え、ある場合にはオランダ国の代表として振舞い、また敵が攻めてきた場合には自ら進んでそれを防ごうとします。それが国民というものです。日本がなぜそうでないかが不思議ですね」

といったでしょうし、また、

「もし、いまのままなら、簡単に国をとられてしまうでしょう」

といったかもしれません。

長崎で、勝は変ったと思います。長崎での練習艦だった咸臨丸で渡米して、いよいよその〝変心〟をふかめたでしょう。

冒頭に〝勝は異様な存在だった〟とのべました異様さは、このあたりから出てきます。かれはひそかに〝国民〟もしくは最初の〝日本人〟になったのです。人はまったく気づきませんでした。後年、勝があまりに薩長人に対して寛容に淡泊に、いわば〝立場離れ〟をしてつきあうので、幕府が警戒したことだけはたしかです。

ちょっと余談――海舟論にとっては大事なことですが――をさし入れます。

勝の性格についてです。かれには、ちょっといやな、いわばえぐいところがあります。かれは幕臣とはいえ、卑《ひく》い出身で、といってもそのことを卑下《ひげ》していたわけではありません。ただ、かれは門地の卑さを補ってあまりある巨才が自分にあると思っていました。たしかに、勝は巨才の人でした。単に思想家としてすぐれていただけでなく、世事に対して聡明でした。単に聡明なだけでなく、長崎海軍伝習所の取りしきりでみせたように、物事の処理能力が卓越していました。

この点は、カッテンディーケがその回想録の中で、気味わるいほど、その処理能力の高さをみとめています。

そういう勝なのです。しかしながら、世の中がうまくゆかないことに、長崎時代も海軍伝習所の長官として江戸からやってきてかれの上にすわったのは、木村摂津守喜毅《よしたけ》（一八三〇〜一九〇一）という若い――勝よりも、なんと七つも若いんです――幕府官僚でした。木村は御浜御殿を管理する奉行の子で、身分はさほどのことはないのですが、それでも勝の門地からみれば木村の出身身分はたかだかとしたものでした。勝はこの木村をきらいましたが、後世の私は木村をきらっていません。人品がよく、いかにも〝お歴々《れきれき》〟といった感じで、それに、じつに無私でいさぎよくもある人柄でした。才幹もすぐれていましたが、ただ海軍技術についてはむろん実地に学んでいる勝のほうが上です。

余談がつづきます。幕府は、すこしずつ洋式化しつつありまして、この木村を江戸へよびかえして、日本最初の将官ともいうべき〝軍艦奉行並《なみ》〟という身分を与えて、海軍行政にあたらせました。勝からみれば〝素人めが〟という不快がありましたろう。

日米条約の批准《ひじゅん》ということで、幕府から遣米使節団が送られることになりました。使節団は、アメリカ軍艦「ポーハタン」に搭乗して太平洋を横断することになりますが、勝はこれとはべつに、日本の国威のために、日本人の操船による随行艦を派遣すべきだということを運動し、叶《かな》えられて、長崎時代の練習艦咸臨丸をもって太平洋の横断をすることになります。

当然、勝は艦長が予定されていました。艦長というと、外国では中佐か大佐ですから、勝としてはそれなりの身分上昇があると期待したでしょう。その点、この時期の勝は決して淡白な人間ではありませんでした。かれは渡米にあたって、「両御番上席」という身分をもらいました。両御番とは、御小姓番《おこしょうばん》、御書院番の二つのポストのことで、身分はやや小さいながら将軍の身辺に侍《じ》するということで、わりあいいい感じの職とされたものです。勝の場合は、その〝待遇〟ということです。各国の陸海軍の一般でいえば、中尉から少佐ぐらいの職でしょう。むろん、高等官で、歴《れき》とした旗本（士官の身分）から採用され、勝の出身身分のような御家人《ごけにん》（下士官の身分）から採用されませんし、その上席ですから、海軍少佐といったところでしょうか。この新身分は勝としては家門の名誉としてもいいほどのものでした。

あるいは勝は艦長であるからにはもっと高い身分を考えたかもしれませんが、まあこれでいいかともおもったはずです。

ところが、いざ航海に出るという段になって、意外な人事が発令されました。勝艦長のうえに、もう一段上の将官（当時、船将《アドミラル》とよんでいました）がくるというのです。勝は自分がとりしきると思っていたのに、煮え湯をのまされたようなものでした。それも、あの若僧の軍艦奉行・木村摂津守がくるというのです。

「じゃ、摂津守に操艦させろ」

といって、出港してからは、艦長室のドアをしめきったまま、出て来なかったのです。他の者には船酔いだと称していました。航海中、他の士官が操艦について艦長の指示を仰ぎにくると、

「摂津守様にうかがえ」

と、ふてくされて何の指示も与えませんでした。艦が太平洋の真中まできたとき、

「ボートをおろせ。おれは江戸へ帰る」

と言いだして、乗り組んだひとびとを呆然とさせました。身分上昇をとげたいという欲望と、そうはさせない封建制へのいきどおりが、これほどまでにあらわれるというのは、めずらしいことです。自分のことを申しては何ですが、私はこのようなえぐさは大のにがてです。しかし勝その人については大好きなのです。といって、ある時期までの勝については、このえぐさを見なければ論じられませんし、勝が偉大になるのも、このえぐさのせいです。人間は厄介なものです。

まだ余談がつづいています。

勝のえらさは、封建制への怒りに転化されたことでした。もっとも〝他のせいにする〟ということはよくありませんが、勝の場合は、ゆるされます。あとすこしおきき下さい。

勝は、アメリカから帰って、老中《ろうじゅう》によばれます。ついでながら、老中というのは大名です。何人かの老中が、はるか下座に進み出た勝に対し、

「アメリカと日本は、どういうところがちがうのか」

と、のどかな質問をします。勝はすかさず、

「アメリカは日本とちがって、賢い人が上にいます」

老中はみなにがい顔をしたといいます。

ともかくも、勝の中に——勝のえらいところですが——えぐさが麴黴《こうじかび》（麴菌《こうじきん》）になりつつありました。麴については説明するまでもありませんが、米、麦、豆、ヌカなどを蒸して麴菌を繁殖させたもので、この麴黴はアミラーゼをふくんでいて、米などの澱粉を糖に変えるのです。やがてそれが醸造されて酒になるのです。アメリカから帰ったころは、勝の中ですでに醸造酒になっていたでしょう。

「木村摂津守を憎んではいけない。わるいのは、封建制だ」

というのが、勝のこの場合での醸造酒です。その醸造酒を、さらに蒸留してアルコール純度を高めたものが、蒸留酒でしょう。比喩になりますが、思想は、酒というべきものです。

思想は人を酔わせるものでなければなりませんが、勝の中で粗悪ながらも醸造酒が出来たのです。ただこの酒は、勝当人だけを秘《ひそ》かに酔わせるだけのもので、他に及ぼすことはできません。

〝木村がわるい〟では素材であっても酒ではありません、〝封建制がわるい〟となると、やや普遍化して酒になります。が、かといって、わるければどうすればよいかがないため、単に自分自身を酔わせるだけになります。ただし相当悪酔いする酒ですね、仏教でいう往相《おうそう》があって還相《げんそう》がありませんから。

〝ではどうすればよいか〟

が、蒸留化への道でした。そこで、勝は、長崎時代、全身で吸収したカッテンディーケのオランダ国の国民思想とその体制を思いだしたでしょう。

〝国民を創出すればよい〟

つまり、国民という等質の一階級をつくりだすことです。

ということは、幕藩体制と士農工商の身分制を否定せざるをえません。勝は、幕臣です。幕府にとって不忠になり、逆賊になるでしょう。

以後のかれの行動は、微妙なニュアンスと、合法的でありながら特異なものになりました。本来、旗本というのは許可なくして江戸を離れることができません。かれは、幕閣の許可を得て、神戸に半官半民ともいうべき海軍塾(神戸海軍操練所)をおこしました。ここで、薩長土の諸藩の士や脱藩浪人をあつめて、海軍技術を教えました。勝はこの時期、「軍艦奉行並」という将官でした。塾生のなかには過激な尊王攘夷の徒もまじっていて、反幕的な政治事件をおこしたりし

ましたから、幕閣筋では、

——勝は神戸で激徒を養っている。

という噂がたち、やがて罷免され、塾は閉鎖せざるをえなくなりました。


どうもこれは余談ではありませんね。本論になってきました。そのままつづけます。

さて、この神戸海軍塾時代、勝は塾頭に土佐浪士坂本龍馬をえらびました。

坂本はもともと素朴な尊攘家で、江戸で勝を訪ね、返答によっては勝を開国派の奸物として斬ろうと思っていましたが、勝の話をきいて頓悟《とんご》し、その門人になります。「日本一の勝先生の門人になった」と大よろこびで故郷の姉に手紙を書いていますが、もともと坂本は土佐の高知にいるときに、オランダ国憲法に関心をもった時期があり、すでに〝国民〟たるべき素地をもっていたと思います。勝は、この坂本を神戸海軍塾の塾頭にしました。かつて長崎におけるカッテンディーケの位置が神戸では勝、勝の位置が坂本でした。両人が話し合う内容は、しばしば深刻をきわめたであろうことは想像に難くありません。

私が、いま話している主題をことさらに文法化しますと、文脈としては、勝が神戸海軍塾をひらいてひろく諸藩の士や浪人をあつめたのは、ひょっとすると〝国民〟をそこから得たかったのかもしれません。しかし、なにぶん危険で、かつ危険思想でもありますから、たれに対してもそんなことを言おうとは勝は思っていない。勝は、坂本を得て、かれを〝国民〟あるいは第一号（勝は、なお幕臣ですから）にしたかったのかもしれません。おそらく勝という瓶子《へいし》に満ちた蒸留酒が、坂本という瓶子に移されたのかもしれません。勝は、明治後の座談をみても、自分がふれあったひとびとのなかで最大の人物を、西郷隆盛と坂本龍馬としているようであります。勝としては、身動きのとれぬ幕臣という立場上、坂本を得たことは、どんなにうれしかったことでしょう。坂本という稀代の瓶子に日本最初の酒を移すことによって、勝の酒はすばらしい自由と、普遍性をもちました。

坂本龍馬（国立国会図書館蔵）

神戸海軍塾が閉鎖されますと、こんどは坂本が長崎にゆき、塾時代の土佐系の浪士たちとともに亀山社中《かめやましやちゆう》（のち海援隊）をおこします。海軍実習と貿易をめざす結社ですが、坂本はこの結社の〝憲法〟として、同志は浪士であること、藩に拘束されないことをかかげます。〝国民〟の育成ととれないでしょうか。

いまでもなお、人類とか世界とかというのは多分に観念のものであるように、封建身分制社会で〝国民〟あるいは〝日本人〟などというものは、〝火星人〟というように近い抽象的存在でした。そのように、宙空《ちゆうくう》にうかんだ大観念の一点に自分を置いたとき、地上の諸事情・諸状勢はかえってよく見えてくるものです。かつ、未来まで見えます。さらには、打つべき手までつぎつぎと発想できます。

坂本は、長崎で〝国民集団〟をつくりました。その資金は、一種の株式会社募集のやり方であつめました。勝の紹介で、越前、長州、土佐、薩摩からあつめたのです。

かれは、たとえ新政権ができてもそれに参加するつもりはない、ということは、大政奉還後に薩摩の西郷にそういって、さすがの西郷を一瞬、小さくさせたような光景を演じていますから、十分その思想が想像できるのです。

かれの志は、貿易にありました。そのためには、国は統一されねばならない。その段階として「薩長秘密同盟」を思いたち、じつにいいタイミングに、長州の桂小五郎（木戸孝允）を京都におよび、薩摩の西郷と手をにぎらせます。

が、その後、倒幕の状勢は膠着の状態にあり、機をみて「大政奉還」というアイデアを投じて状況を一変させます。ほどなく刺客のために斃《たお》れるのですが、その間において新国家の構想をまとめもしました。「船中八策」とよばれるのがそれですが、じつに先進的なものでした。

坂本の風雲の生涯は、印象として奇策縦横にみえますし、事実そうでした。その発想のもとは、現実の泥ぬま——幕藩体制や身分制——からわずかに超越してその観念（国民国家という観念です）を宙空に置いていたからでしょう。

坂本の死後、もう一人の〝国民〟である勝は、倒幕のために東海道を東進してくる新政府軍に対し、徳川慶喜から全権を委ねられて、徳川政権の自己否定というべきあざやかな退幕《たいまく》の手をうちます。歴史という劇場から徳川家をみごとにさがらせるのです。まったく無血で。

このあざやかさは勝の手腕ですが、幕臣として、ひるむことも感傷にひたることもなく着想し、筋を書き、みごとに演じきったのは、かれの中の〝国民〟がそうさせたのでしょう。

勝は賢い人でした。それに、物事を塩辛く考える男でもありました。ですから、西郷ら薩長がすぐさま国民国家をつくるという過剰期待はもっていませんでした。しかし勝にすれば、大道さえつくっておけば、いずれ日本国はそうなるはずだろうと思っていたはずです。

余談といいながら、途中で本論になって、結局、このように結論まで一気に行ってしまったようです。

あら筋は、右のとおりです。あとは、話の筋をもとにもどしながら、そのあたりをぶらぶら散歩することにします。

当時、横井小楠（一八〇九～六九）という人がいました。肥後熊本藩の人で、明治二年、新政府にまねかれて重職についたとき、その思想を急進的であるとするテロリストのために殺されてしまいます。

ともかくも小楠は、幕末、ひとびとから仰望された思想家でした。思想家といっても固定した一体系として完成された思想をもつ人ではなくて、刻々思想が変わっていく思想家という奇妙な存在でした。つまり、日本が流動的なものですから、時勢を懸命に模索する横井小楠としても思想が流動的にならざるをえなかったのです。それでもひとびとは小楠を訪ねてその意見をききました。あるとき、訪問客が、

「先生のご意見は、以前伺ったのと大変ちがいますな」

といって笑うと、小楠も笑いながら、

「私は刻々考えている。事態も刻々変る」

ふしぎな人でした。

小楠の人気というのは、当時、志士たちの間では大変なものでした。その小楠と勝とが親しかったのです。ついでながら、小楠は蘭学をやっておりません。儒者でした。

小楠が、「アメリカの大統領というのは、どのようにして選ばれるのですか」と勝に聞くと、勝は大統領選挙の説明をする。——聞くなり小楠は頓悟《とんご》してしまう。「それは堯・舜の世ですな」。アメリカの民主主義を儒教的にあっというまに翻訳したのです。堯・舜というのはいうまでもなく、中国の儒教の理想時代——儒教は理想時代を古代においてます——のことです。古代に堯と舜という皇帝があって、それは戦争によって皇帝になったわけでもなしに、徳により、衆に推さ

れ皇帝になった。そして民のためによく働き、席の温まるいとまもなかった。しかも皇帝の職を世襲せず、堯は舜を選び、舜は禹を選びました。ただし、禹以後は世襲になって夏王朝がはじまります。ともかくも一言、「それは堯・舜の世ですな」と言ったのは実にあざやかで、万事そういう頭の働きの人でした。勝はそういう頭のぐあいの人をとくに好きでした。自分もそうだからでしょう。むろん坂本もそうでした。

あるとき、勝に坂本龍馬が、

「ワシントンさんの子孫はどうなってますか」と訊きました。ともかくも坂本は、小楠以上に頭の働きが早く、しかも刻々頓悟《とんご》するところがあります。ワシントンはむろんジョージ・ワシントンのことで、一七八三年、アメリカをイギリスから独立させて初代大統領にえらばれた人です。「それは、下駄屋をやっているのか靴屋をやっているのか俺は知らない。アメリカ人も知らないだろう」

というと、龍馬は「はあァ」と頷く。つまり、どこか、ワシントンは徳川家康だとおもっていたのです。それで、龍馬という者の頭は、それだけのやり取りでアメリカの体制がわかってしまうところがある。わかっただけではなく、日本もそうあるべきだと思うわけですね。さらに龍馬は聞きました。

「アメリカの大統領は毎日どういう心配をしているんですか」

と非常に素朴な質問をしたら、

「メイドさんの給料がどうなってるかという心配もしている」と言う。

「はあァ、日本の将軍は下女の給料の心配をしたことがあるんだろうか」

……これをしたことがない。それだけでも幕府は倒すべきだと考える。龍馬はこの話を長州の桂小五郎にしたことがあります。右の二、三の質問で、アメリカの制度が地の底までつらぬくように理解できたというのが、小楠や龍馬の頭だったのでしょう。小楠は多分に書斎人でしたが、龍馬は革命家になってゆく。

幕末のいわゆる志士のなかで、明治の革命後の青写真、国家の設計図をもった人は坂本龍馬だけだったろうと思いますが、それは勝という触媒によってできあがって行ったものでしょう。さらにいえば、カッテンディーケが勝にとっての触媒だった。それが龍馬にうつされてゆく。

触媒ということばを、もっと広い場所でつかいたいと思います。いまオランダにいます。その場所で、日本の江戸期の文化の熟成を考えるというのは、大変ぜいたくな感じで、いい気持でいます。考えるというのは、江戸文化の熟成に対してオランダはなにか加えなかったか、ということです。

江戸初期をすぎて中期にさしかかるころに、魅力的な思想家がずらりと並ぶんですね。新井白石とか荻生徂徠《おぎゅうそらい》とか、それから本多利明《ほんだとしあき》という科学思想家とか、海保青陵《かいほせいりょう》という経済学者とか、あげていくとキリがなくなるほどです。

この現象はオランダと関係がなく、日本の国内において大いに沸騰した流通経済、貨幣経済、商品経済の沸騰が生んだものでしょう。物を合理的にみるというのは、経済がつくりだすものなのです。しかし、その合理主義に筋みちを与えるいわば触媒の役目をしたのは、あまり過大に考えるとまちがうにせよ――なにしろ鎖国下ですからね――やはりオランダからの見えざる合理主義思想の浸透ということがあるでしょう。

荻生徂徠（一六六六〜一七二八）ひとつ取り上げても、かれは朱子学という、中国や朝鮮、あるいは日本の思想を固定化したドグマから、自力で脱出しました。

朱子学の祖の朱熹（一一三〇〜一二〇〇）は偉大な人ではあります。

かれは儒教に体系をあたえた人でした。強烈な価値観を導入した人でもありました。それまでの儒教は多分に教養的な知的集積といった感じがありましたが、朱子はそれに形而上性をあたえ、液体を固体に仕直したようなところがあります。とくにかれの史学は、各王朝が正統であるかどうかを〝大義名分〟ということでいっさいを見直しました。むろん、かれの形而上学が成立するのは、宋代の時代的事情によります。漢民族としての民族主義を昂揚し、漢民族文明を純化し、同時に不純を排除せざるをえなかったということがあります。要するに、かれの思想（あるいは価値観）は、その時代の状態によってうまれたものです。

元《げん》に入るにおよんで、科挙の試験は、朱子の解釈に従うべきものとさだめられ、やがて朝鮮の科挙もそうなりました。このおかげで、すくなくとも五世紀ほどの長期にわたって、朱子のドグマが中国・朝鮮・日本を支配することになります。滑稽なことです。形而上学というのは、理屈学です。時代的状況が去れば、ヘリクツになってしまいます。ヘリクツが、東アジアをながく支配してきたのです。いわゆる「アジア的停滞」のしんには、朱子学があると思います。

江戸幕府は、朱子学をもって官学としておりました。徂徠が、朱子学という官許のドグマからぬけだしたのは大変なことだったろうと思うんです。ぬけでてどこへゆくかというと、中国古代へゆき、孔子にもどることを提唱しました。かれはこれを〝古学〟といい、古い文章（古文辞）を研究することをすすめましたが、それは宋学（朱子学）からのがれるためのもので、実際の態度は科学的実証主義とでもいうべきものでした。ともかくかれは、〝道学《どう》〟である朱子学を否定し、実証的であることによって、経験科学に入ってゆく門をつくったともいえます。

ともかくも、実証主義的な気運がおこったということで、江戸中期は大いなる時代だったといえましょう。

たとえば、京都の漢方医の山脇東洋（一七〇五〜六二）を考えるとおもしろいですね。漢方というのは、陰陽五行説などのドグマが最初にあって、いわば形式科学であり、あとはその型によって思考してゆきます。つまり、経験科学にはなりにくいのです。だから、実証主義というのは漢方には要らない。

山脇東洋は、漢方医でありながら、江戸中期の時代の熱気のなかにあって、きわめて実証的でした。かれは、人間の内臓を見るべきだと思った。

くりかえし言いますが、漢方は先験的で、人間の内臓など見なくてもいいのです。原理として陰陽五行説を奉じていればよく、また病理学的なものは『傷寒論』という本をバイブルのように大事にしていればいいのです。そして外から見た症状で病名をつくり、そして経験的な処置あるいは投薬でもって病気を治す。内臓を見る必要はありません。

ですけど、山脇東洋はそれを自分の目で見てたしかめたかったというのが、江戸中期的な気分といえます。五臓六腑ということばが漢方にありますように、五臓六腑の図というものはあったんです。明の医者で、罪人の解剖を許された人が、その内臓の姿を絵にしたものが日本にも伝わってきていました。

その明の「臓志」というものも、許されて罪人の内臓を見たという明の医者が、じつは作為をしてしまったのです。この明の医者は、実際に罪人の内臓を見ながら、それ以前から伝わっている内臓図とちょっと違う。それ以前の内臓図は陰陽五行というドグマによって描かれたものです。明の医者はおそらくこれは悪い人間だから違うんじゃないかと考えた。つまり、観念のほうを重んじたわけです。それが日本に伝わっていた明の「臓志」というものです。

山脇東洋は、初老期になるまでカワウソを解剖してきました。五十頭におよんだといいます。カワウソは人体に似ているといわれていました。

ところが、解剖の結果、やっぱりどうも人間と違うんじゃないかと思った。そして、とうとう、粟田口の罪人の解剖を許されて、それでかれはそれを綿密にスケッチしまして、はたせるかな、明の「臓志」は間違っているということを悟るわけです。かれは、そのとき、もう五十を過ぎていました。かといって山脇東洋の学問が進んだわけでもなく何でもないんです。東洋は、時代の実証精神からつき動かされて、内臓を見てしまったわけですね。日本における解剖の最初なんですが、私はべつにそのことを語りたくて語っているのではなく、江戸時代を語っているのです。幕藩体制や身分制でもって鉄筋構造のように頑丈なようにみえて、内部にはそういう体制的ドグマをつきくずす実証精神がふつふつとたぎっていたことを言いたかったのです。その尖端が革命期にきて、勝や坂本という形質をとったと考えていいのではないでしょうか。

咸臨丸の進水地オランダ・キルデンダイクにて
（1988年12月）

いま、アムステルダムにいるものですからオランダの話になるんですけど、オランダという国も不思議な国で、もし、江戸日本が、オランダとつき合ってなくて、別な、つまりフランス革命以前のフランスとか、スペインのようなカトリックの国とか、そういう国とつき合っていたら、ちょっと別なものになっていたろうと思うのです。

たとえば絵で申しあげますと、八十年戦争をやり遂げて自らの国を独立させたオランダが、絵画のうえでも黄金時代を迎えるわけですね。オランダ人はどういうわけだか彫刻をあまりやらない。それから大建築をつくらないのですね。それは富と関係があると思います。富が王とか貴族に集中されている場合には、大建築とか大彫刻があったと思うんです。かれらはその当時——日本の関ヶ原の戦のころ——は人口は二百万そこそこでしかありませんでした。驚くべき国ですね。二百万そこそこで海に向かって発展していました。かれらには、ほとんど身分差別がなくて、一階級といってもいいような市民社会であり、資源もないままに、貿易によって国を興そうとしていました。

しかし、オランダは、スペイン人によってスペインの領地にされていましたころは、一番みじめでした。海へ出てゆくのですが、貧乏たらしくて、海の乞食などと悪口をいわれていました。ダッチカウントとか、ダッチロールとか、オランダ人を評した過去のことばははなはだみじめったらしい。しかし十七世紀には、もうヨーロッパで国民一人あたりの収入が最高だったともいわれています。

ともかく、もっとも早く市民社会をつくり上げたものの、それだけに富の不合理な集中がなく、ないために大建築や大彫刻ができなかった。金のかからない絵画のほうがお得意芸になったのではないでしょうか。

絵画では、すばらしい巨匠を生む国でした。それも何でもない果物を書いたり、何でもない野原を書いたり、風景画、静物画を興した国でもありました。それまで、絵というのは教会や貴族に奉仕するものでした。聖画を描き、王侯の肖像画を描いてきました。オランダは、人間を描くにしても、なんでもない人間を描いた。そういう風土からレンブラントやゴッホがうまれたのです。

レンブラント（一六〇六〜六九）には、「夜警」という有名な絵がありますね。これは、「夜警」

という翻訳が間違っていて、町を警戒するナントカ隊長の実態を描いたのだそうですが、「夜警」とよぶほうが当時のオランダの社会と精神をよくあらわしていると思います。市民がみんなで夜警して回る。いかにも市民国家的です。それが絵画になっている。ナポレオンやネルソンを描いたものじゃないんです。

それから、これはちょっとオランダ国成立以前のオランダ人なんですけれども、日本の室町末期、戦国時代ぐらいに出たエラスムス（一四六六～一五三六）という偉い人がいましたですね。エラスムスは、カトリック教会の堕落を容赦会釈なしに思想書として書いた『痴愚礼讃』という本で有名ですね。エラスムスはロッテルダムにうまれまして、修道院の教育を受け、司教の秘書になったりして、お坊さんだったんですが、その後に英国やイタリアへ赴き、学識を深めて、博学の人文主義者となった。十七世紀のオランダ人がエラスムスを非常に大事にして、はるか東洋へ行くオランダの船の舳先にエラスムスの像をつけていたといわれてますね。

それから、日本との通交ができたあとに出た大思想家でスピノザ（一六三二～七七）という哲学者が、このアムステルダムの町でうまれます。ユダヤ街でうまれたユダヤ人でした。両親はユダヤ教でしたが、スピノザは無神論者としてユダヤ人教団から破門されました。ただスピノザは神を否定したのではなく、神に対して人間がいろいろと勝手につけた神の属性を全部剝ぎ取って、神の本質に迫ろうとしたようですね。かれがその哲学を考えたり書いたりした言語も、生の言葉ではなく幾何学的な言語だったというのは、合理主義の病的なまでのあらわれといえるのではないでしょうか。スピノザはフランスなんかにおったらどんなに迫害されるか知りませんけど、オランダなら、君はおもしろいこと考えているね、という自由がありました。

つまり、商業社会が持っているのは自由ということ。まだマルクスの定義による資本主義がヨーロッパで起こっていませんが、オランダではそれの先駆的なやり方が渦巻いていました。プレ資本主義ともいうべきものが。

資本主義が人類に残した大きな遺産――いまでもあるのですから残したというのはおかしいですが、――人類に与えた大きな遺産は、自由ということでした。それからもう一つは、合理主義というものでした。これがオランダで顕著にあらわれているということは、スピノザの成立においても見ることができます。

そういうオランダ国と日本はつき合っていたわけですね。そしてオランダもまた日本とつき合うことによって、日本に産する黄金を得たかった。日本はたまたま、秀吉が政権を取ったころから諸国で金が湧くように出たといわれてます。徳川初期には、世界一ともいうべき金産国で、佐渡の金鉱などは大いに活況を呈しました。ともかくもその産出の盛大さはつづきました。そういう日本市場を、ヨーロッパではオランダ人だけが独占していたわけです。

出島の蘭館（「長崎蘭館図巻」部分、〈伝〉渡辺秀石、神戸市立博物館蔵）

で、日本では金と銀の差が少ない。ヨーロッパでは金は非常に高いものであって、銀はだいぶ低い。この差益でもってオランダ人はずいぶん稼ぎました。かといって、鎖国下の日本におけるオランダ人の待遇はみじめでした。また長崎の出島で、商館ぐるみ幽閉同然の処遇をうけ、またオランダ船が長崎に入港してくると、船の武装を解除され、オランダ人は丸腰同然で上陸せざるをえないというものでした。大きな利益があるから屈辱にも耐えたのです。そういうオランダ人を、

「ヨーロッパ人の面《つら》よごしだ」

と他のヨーロッパ人はけなしました。

日本にとって金はずいぶんヨーロッパに流出してしまいました。

人にはたれもケチっぽい感覚があります。過去のことながら惜しいことをしちゃったなといじましく思うこともできます。しかしそのぶんだけ、目にみえない文化や

思想、学問、あるいは目にみえる文物が江戸期の文化や思考法に刺激を与えてくれたのです。言い方をべつにすれば、われわれの土地から産した金でもってヨーロッパの文化を買いつづけていたと思ってもいいのです。もっとも、幕府にはそんなものを買いたいという姿勢はありませんでしたが。

なんといっても江戸幕府は、さきにのべた朱子学を官学としておりました。朱子学は攘夷思想、外国侮視思想が基本的に入っています。ですからオランダの奇妙な思想はもとより、他のものも日本に入ることを好みませんでした。だからオランダの文物が日本国中を充満したのでは決してありません。ただ江戸末期ぐらいになりますと、幕府のタガが緩んだせいもあって、オランダ・ブームというものがおこりました。ごく一部ではありましたが。

さて、嘉永六年（一八五三）のペリー来航のショック以後が幕末ということになります。で、安政条約（日米和親条約、一八五四）の成立。これはもう幕府が限定的に開国したわけですね。しかし内国的にはあくまでも鎖国がつづいています。さらには満天下の世論は、わずかながらも開国した幕府に反対で、攘夷の声が、山河も割れるほどに高くなりました。夷とは、外国人のことです。外国人を打ちはらえ。

オランダのことも思いながら話を進めています。この間オランダはどうしてたか。むろん、幕府は安政条約をアメリカと締結したあと、各国とも結びます。そしてオランダとも。

オランダはさきにのべたように特別な関係でありつづけてきたのですが、ここでほかの欧州の列強と同じ席に並んだわけです。むろん、以前の屈辱的な処遇から足を抜きました。抜くにあたって、オランダの商館長は、おだやかに、

「あのような待遇のされ方はおわったのです。以後、私どもはちがう態度をとりますが、お気をわるくなさらぬように」

と、公式に幕府に対して申し述べました。日蘭関係というのは、過去になったのです。

オランダというのは、遠慮ぶかい国でした。それが、伝統でした。

なぜ遠慮ぶかいかというと、十七世紀に二百数十万の人口から大いに国を興して、やがて食えるようになると人口が増えます。そして、一六〇二年に東インド会社を設立したり、いろいろします。——むろん植民地主義はよくない、というのはいまの言い方であって、歴史の上では善悪なしで見ていかなければいけません——東南アジアに植民地をつくって、そして、はるかに日本まで足を延ばして、日本との交易をした。

この異常な発展ぶりは、イギリス人の嫉妬を買いつづけたのです。イギリス人にすれば、俺たちがやるべきところを、なんだあの小さな国が、ということでした。国家と国家は、ときに子供

のけんかと似ています。イギリスがオランダいじめしたばかりか、戦争まで仕かけました。またフランスではナポレオンが出てきてオランダを一時期自分の領土にしてしまったりしました。

小国（日本の九州ほどの広さです）のオランダとしては、そのようにいろいろ苦労があったものですから、日本との関係を各国と相並んで進めましたときに、オランダは他の列強に遠慮し、長い間の対日貿易の利益を捨てました。

そういうことでしたが、幕府はやっぱりオランダに対して好意的ですね、長いつき合いですから気心がわかっている。ぜひ、あなたの国から軍艦を買いたい。お国から海軍教師団を呼びたい。

それでも、当時のオランダの公使は各国に気を遣って、それを私の国がやるとイギリスがどう思いますでしょうか、とかなんとかというようなことがあったうえで、ようやくカッテンディーケが来たのです。かれとともに咸臨丸も来たのです。

明治維新の最大の功績者は、まず徳川将軍慶喜《よしのぶ》だったでしょう。かれは幕末、外国文書では〝日本国皇帝〟でした。それが、鳥羽・伏見における小さな敗北のあと、巨きな江戸期日本そのものを投げだして、みずからは水戸にしりぞき、歴史のかなたに自分を消してしまったのです。退くにあたって、勝海舟に全権をわたし、徳川家の葬式をさせました。となると、明治維新最大の功績者は、徳川慶喜と勝海舟だったことになります。

最後の将軍・徳川慶喜（ライデン大学蔵）

この功績からみると、薩摩や長州は、単に力にすぎません。また、この瞬間の二人にくらべれば、西郷隆盛や木戸孝允は小さくみえますね。

勝が営んだ江戸幕府の葬式というものは、明快な主題がありました。むろん、かれは口外していませんが、〝国民の成立〟もしくは〝国民国家の樹立〟ということが、秘めたる主題もしくは正義だったでしょう。それが、革命側の西郷隆盛の心に響くことによって、三田《みた》における両者の会談が劇的になり、さらには江戸の無血開城という日本史上（あるいは世界史で）もっとも格調の高い歴史が演じられたのでしょう。

今回は、カッテンディーケという触媒、勝という存在そのものが思想だった人物。それに坂本龍馬の活躍と死、さらには三田における勝の受けとめ手としての西郷というのを、一筋の糸としてのべました。

第十章

サムライの終焉あるいは武士の反乱

日本に多いのは、むかしもいまも人口です。それは、水田の国だからでしょう。小麦の国だったなら、こうも人の数はふえなかったろうと思います。米と小麦をくらべると、単位面積あたりの穫《と》れ高は圧倒的に米ですものね。

武士というのは、時代によって中身がちがいます。十三世紀、鎌倉幕府をおこして日本を武士の世にしたころの武士は、もともとは公家《くげ》の世の下にあった農場主をそのようによんでいたというべきでしょう。熊谷次郎直実《くまがいじろうなおざね》や那須与一《なすのよいち》の武者姿をおもいだしてください。

この十三世紀の鎌倉時代の人口は八百万人だったという計算があります。十四世紀の室町時代は米の生産高が飛躍したから一千万を越えようとしていたのではありますまいか。室町は乱世だったはずですね。しかしながら荒れ地や河川の扇状地を開拓し、灌漑して水田にしたりして、あたらしい武装農民（新しい中身の武士）がたくさん出てきました。かれらの力が、世の中にあたらしい秩序を要求しましたが、なかなかそれに見合った新秩序ができず、ごたごたしました。そのようにして十四、五世紀の室町時代は、室町幕府という武家政権があったものの、統治力を欠き乱世でありつづけました。もっともそのくせ農業生産高がそれまでの歴史から大いに飛躍して高くなったという、まことにややこしい時代です。その乱世である室町時代の末である十六世紀には、もはや戦国時代に入っていました。戦国の世は、十六世紀末までほぼ百年つづきます。

「戦国の百年」

というのは、なしくずしの革命期とでもいうべき世でした。鎌倉以来の武家の名家のほとんどがほろび、武家の棟梁で、盛時は対外的に〝日本国王〟を称したこともある室町将軍家も有名無実の存在になりました。日本六十余州に群雄が割拠し、それぞれの国で〝大名〟と称する者が出たのですが、そのほとんどは室町期の「守護大名」とは無縁の成りあがり者でした。

成りあがりといってばかにすべきものではなかったのは、かれらは日本政治史上最初の〝民政〟というものをやったひとびとなのでした。室町期の守護も、その前の鎌倉期の守護も、さらにその前の京都の公家《くげ》による律令《りつりょう》制度の国司《こくし》も、民政らしい民政をしてはおりません。ただ租税をとるだけの存在でした。

民政らしい民政をおこなうという大名のあり方を〝領国大名〟といいます。その最初の人物が北条早雲（一四三二〜一五一九）であったことは、異論のないところでしょう。早雲は京都うまれで、京都文化を身につけた人物でしたが、一介の浪人として東国にくだり、伊豆一国を自分のものにして、百姓に対し、何時《なんじ》に起きて何時にめしを食えといったたぐいのことまで――たとえば幼稚園の保母さんのように――世話を焼き、村落の規律や家々の暮らしの節度までを立てさせ、さらには租税をできるだけ軽くし、生産力をあげさせるようにしむけます。

目的は、伊豆の力をつよくすることにあったとはいえ、とにかくも百姓が痒《かゆ》ければそこを掻《か》いてやるというふうな政治で、また家臣団に対しても、こまかく規律を立て、ついには「早雲寺殿《そううんじどの》廿一ヶ条」という家訓までたてました。

かれの兵はつよく、ついには関東一円を自分の版図におさめ、北条家は五代までつづきました。北条早雲の領国に対する行政は模範的ともいうべきで、戦国の諸大名の多くはこれを真似ましたし、またはるか江戸封建制の大名もこれを真似ました。

早雲の時代もふくめ、戦国時代は、武士は農村から出ました。武装せる農民といってよく、戦いのないときは農村に帰るのです。大名を頂点としてその軍制は組織化されていたとはいえ、本質は戦闘員なのか、農村のボスなのか、よくわからないところがありました。高級な武士は一カ村から数カ村を支配し、戦いのときには農民の中から兵卒（足軽・小者）をえらんでかれらを従えて戦場に出ました。この存在は、十五、六世紀から十九世紀初頭までドイツの東部に存在した地主貴族であるユンカー（Junker）に似ていたかもしれません。
ドイツのユンカーの場合、それを無力な存在にしたのは、フランス革命による〝国民国家〟と徴兵制を背負ってヨーロッパを席捲した十八世紀のナポレオンでした。

話がわきに外《そ》れているように思われるかもしれませんが、そうじゃなくて、明治の「士族の反乱」をのべるについては、〝サムライの変遷〟をのべておかねばならないので、こんなことを語っているのです。

〝ユンカー〟どもに力をうしなわせたのは、日本の場合、十六世紀の織田信長（一五三四〜八二）でした。かれは自分の軍団を、過去の伝統からすこしずらした場所でつくりました。兵農分離です。サムライを農村からきりはなして、軍事の専従者にすることでした。農民は農村にしばりつけられ、農業生産のみをする存在としました。織田信長の天下構想は、まず商品については無税にして流通をよくし、村落貴族であるサムライを城下にあつめ、農村ときりはなし、農民は農民でこれを純農民にするということでした。この政策は、織田政権をついだ豊臣秀吉政権によって大きく展開されました。

豊臣政権が徳川家康政権（江戸幕府）にひきつがれるのは、一六〇〇年、関ヶ原の戦からです。〝天下分け目〟といわれた関ヶ原の合戦は、美濃（岐阜県）の関ヶ原という小さな盆地でおこなわれます。東から行軍してきた諸大名の連合軍と、西からきた諸大名の同盟軍とがここで決戦するのですが、両軍あわせて三十万人ほどの人数の決戦でした。

それから二百年余経った一八一五年六月、ベルギーの寒村ワーテルローで、ナポレオンがひきいるフランス軍と、ウェリントンがひきいる英国・プロイセン連合軍の決戦がおこなわれますが、このヨーロッパ分け目の戦いに参加した兵員は、両軍あわせて二十数万にすぎません。日本が、幸か不幸か、人口の多かった国だったことが、この比較においても象徴されます。

関ヶ原で敗れた側のサムライの多くは、農民身分になりました。

勝った側のサムライが、江戸時代の幕藩体制をつくるのです。

幕府という第一政府（福沢諭吉の『丁丑《ていちゅう》公論』の用語）と、三百ちかい大名が、それぞれの領地で小政府をつくりました。徳川家（幕府）には直参《じきさん》とよばれる旗本・御家人《ごけにん》がいて、その数は家族をふくめて五万人を越しましょう。それらは、江戸で住みました。

大名も、多数の武士や足軽をかかえています。要するに、戦国時代の戦闘員がそのまま平和な社会で、国家公務員（直参）や地方公務員（藩士）になったのです。行政にそんな人数は要らないのです。何パーセントかの公務員（武士）は、生涯無役で、先祖からひきついだ家禄で食べていました。役に就いた者も、一人で十分やれる小さな職種を三人でやるといったふうで、いわば幕藩体制そのものが、しごとをする組織というよりも、養人組織でした。

かれらを養っているのは、農民でしたから、農民のくらしは、一部をのぞき、江戸期を通じてくるしかったのです。幕末に日本にきたヨーロッパ人は、日本の気候と土壌が農業に適しているのに、農民がまずしいことに驚きます。そのわけは、右の事情の中に見出すことができます。

しかし、ありあまるサムライたちの多くが読書階級をなし、また武士的節度を重んずるという規律を保ち、いわば江戸期日本の精神文化をささえたともいえます。農民にとって大変高くついた制度でした。しかし日本史ぜんたいという場所からみれば、帳尻は合っていたでしょう。

明治の日本人は、過去の武士道をはげしく思いだしたりしています。たとえば無教会主義のキリスト教徒だった内村鑑三（一八六一～一九三〇）は、高崎藩士の子として武士道のなかで育ち、札幌農学校で入信し、在学中に「信仰の独立」をとなえ、独立こそ生涯の主題になりました。外国の援助や干渉をうけざるキリスト教というものを主唱したのです。明治十五年に「札幌独立基督教会」をたてたり、その後の無教会主義も、人格の独立ということが旗印でした。その独立の裏打ちをなし、支えをなすものこそ武士道でした。かれは明治十七年、アメリカに留学し、アーマスト大学とハートフォード神学校に学びました。アーマスト大学のシーリー総長の感化をうけ、いわば正統のピューリタン主義というべきものが、内村の信仰でした。かれは「私の信仰の先生」（大正四年）というみじかい文章のなかで、私は二人の父をもっている、という意味のことを書いています。「私は肉体の父として日本武士を所有し、霊魂の父として排日法を布《し》く以前の生粋《きっすい》の米国人をもちしことを誇りとする」と言い、明治四十一年刊の『代表的日本人』の序文のなかで、自分の場合、武士道という精神的土壌が、接木《つぎき》における台木《だいぎ》だった。その台木に、キリスト教が接木された、という意味のことを書いています。

サムライが制度として消滅したあと、武士道をキリスト教によって理想化した人に、内村と札幌農学校で同級生だった新渡戸稲造（一八六二〜一九三三）がいます。かれはジョーンズ・ホプキンス大学に留学して、クエーカー派の信徒になりました。この明治時代の官教育の場における教育者として足跡の大きかった人物は、なによりも、『武士道』（明治三十三年刊）という英文の著書で小さからざる印象を世界の読書人にあたえました。日露戦争の講和に力をつくしてくれたアメリカ第二六代大統領セオドア・ルーズヴェルトの日本についての理解のよりどころは、新渡戸稲造の『武士道』だったといわれています。

「日本および日本人とは何か」

という説明をもとめられたとき、明治人は武士道をもち出さざるをえなかったのです。ではサムライとは何か、と問われれば、自律心である、ひとたびイエスといった以上は命がけでその言葉をまもる、自分の名誉も命を賭けてまもる、敵に対する情《なさけ》。さらには私心をもたない、また私《し》に奉《ほう》ぜず、公に奉《ほう》ずる、ということでありましょう。それ以外に、世界に自分自身を説明することはなかったのです。そしてそれは、りっぱな説明でもありました。すくなくとも日露戦争の終了までの日本は、内外ともに、武士道で説明できるのではないか、あるいは、武士道で自分自身を説明されるべく日本人や日本国はふるまったのではないか、と思います。

皮肉なことに、武士が廃止されて（明治四年の廃藩置県）武士道が思い出されたといってよく、過去は理想化されるように、武士道もまた理想化されて明治の精神となったと思います。

ナマの武士というのは、つまらない人間も多くて、社会の穀潰《ごくつぶ》しといった人もおおぜいいたはずです。それら、歴史上数千万の玉石《ぎょくせき》を気体にしたのが、武士道というものでしょう。

明治初年の人口は、ざっと三千万ほどでした。

そのうちで、武士（足軽をふくめて）家族も計算に入れると、二百万弱でした。人口の七％ほどで、ユンカーなどからみると、大変な人数です。正確には明治六年（一八七三）の調査で、百八十九万二千八、戸数にしますと、四十万八千余戸です。

明治四年（一八七一）の廃藩置県は、それらを一挙に失業させたのです。

二百数十人の大名については、東京にあつめて華族にし、石高や華族身分に応じた手当をだしました。

それらの家来である武士たちについては、明治政府は「秩禄処分《ちつろくしょぶん》」という法的原則をつくりだし、退職金というべきものを出した。大変数学的なもので、ここで再現しても意味をなしませんが、ともかくも武士としての家禄を政府は現金や公債に換算して支払い、かれらにその身分と特権をすてさせたのです。

さらには政府は、失業後のかれらを救済すべく、とくに対策として、手に職をつけさせるべく、士族授産事業というものをおこしました。が、ほとんどが失敗しました。〝武士の商法〟ということばがはやりました。現実感覚がなくて失敗をするという滑稽さを諷《ふう》したことばでした。

全国二百万ちかい士族からみれば、バカにした話じゃありませんか。とくに、明治維新をつくった側の士族（その代表的なものは、薩摩藩と長州藩。それに土佐藩と肥前佐賀藩）は、命をマトに戦争に出かけて、北陸で激戦をし、東北で攻城戦をやり、北海道の箱館まで行って戦争をして、やっと命一つで東京に帰ってくると、解散です。ほとんどの士族はごほうびもお手当も出ません。国もとに帰ると、士族は廃止というわけです。これで腹をたてない人がいたら、きっと仏様のような人でしょう。

ただ、かれらの働きのおかげで、

「国民」

という均質のものが創出されつつあったのです。歴史はかれらに感謝しなければなりません。

しかし当《とう》のかれらにすれば、そんなことは約束していなかったんです。薩摩や長州の士族といえども国民国家の樹立などという革命意識、たとえば〝さあ国民を創り出しましょう〟といったものがあったわけでなく、そのように教えられていたわけでもない。かれらは戦士として従軍したのです。古来、戦士には思想はありませんし、そんな余分なものがあっては強い軍隊はできません。

薩摩藩の場合、藩主は幼少でしたから、その実父の島津久光が事実上の藩主でした。戊辰戦争（維新の革命戦争）で兵を出し、財をついやし、そのあげくのはてが、大名とサムライを廃止してその領地をとりあげるというものでした。

「東京の連中は、なんというやつらだ」

と、島津久光が怒ったのもむりはありません。いつか述べましたように、久光は渾身《こんしん》保守の人で、幕藩体制を是認し、サムライ制度が永遠につづくことをねがい、さらには、学問は漢学を重んじ、風俗は古来のものを守るという人だったのです。こんな人が、革命の急先鋒の薩摩藩の藩父（へんなことばですが、薩摩ではそのように尊称していました）だったんですから、歴史は皮肉ですね。かれは、いわば楼上で茶を喫しているあいだに、薩摩軍が京都郊外で戦い、関東や北陸で戦い、北海道まで行って戦っていたのです。そして世が変ってしまったのです。

「西郷（隆盛）、大久保（利通）にだまされた」

と、歯がみして憤りました。久光にすれば、私どもが明治維新の二本の柱と思っているこの二人は、不忠者であり、謀反人でありました。

久光は大名貴族ですから、経済的には華族として結構なことなのです。しかし、ただの士族は――とくにさきの戊辰戦争の勝利側（薩長土肥）の士族にすれば――たれに対して腹をたてればよいか。

大久保利通に対してです。かれは、才能、気力、器量、そして無私と奉公の精神において同時代の政治家からぬきんでていました。

私は、こんにちにいたるまでの日本の制度の基礎は、明治元年から明治十年までにできあがったと思っていますが、それをつくった人間たちについて、それをただ一人の名で、代表せよといわれれば、大久保の名をあげます。沈着、剛毅、寡黙で一言のむだ口もたたかず、自己と国家を同一化し、四六時ちゅう国家建設のことを考え、他に雑念というものがありませんでした。

大久保は宰相でもなんでもなく、政府の一つの部分をうけもつにすぎませんでしたが、ひとびとが大久保を重んじて案件のほとんどをかれのもとに持ちこむか、かれの承諾をえるか、いずれかでありまし

大久保利通（鹿児島市立美術館蔵）

たので、かれは事実上の宰相でした。それ以上でした。
なにしろ、明治政府は、薩摩と長州の軍事力の上に成りたっていました。維新のために提供した軍事力は、長州を四とすれば、薩摩は六でした。薩摩は、株式会社でいえば、筆頭株主でした。大久保はその上に乗っていました。

当時の政府のことを、

「太政官《だじょうかん》」

といいました。

明治十八年（一八八五）に憲法制定の準備ということもあって、内閣制度をとりますまで、政府というのは、太政官でありました。略して〝官〟といいました。

「官」

じつに強力な権力で、思いきった施策をどんどん実行してゆくのです。士族を一挙に廃止するなどというほどに思いきったことができる権力が、史上あったでしょうか。

で、役人、官員、官僚。当時は、ふつう官員といいました。官員ひげとか官員風《かぜ》を吹かすといったことばがあります。旧幕の大身の旗本より威風があったのではないでしょうか。いやなことですが。この官員のことを、在野のひとびとは、漢文風に、

「有司《ゆうし》」

とよんだりしました。

「有司専制！」

というのは、政府・官員が、勝手にどんどん物事を押しすすめるということです。一般に対し、相談ということがありません。有司専制は、当時の在野勢力（不平士族たち）が、政府を罵るときのきまり文句でした。在野勢力は、要するに不平士族のことです。ただそれが、一部においては「自由民権運動」のかたちをとりました。もっとも、太政官で重職をもつ土佐派の板垣退助らは不平が動機ではありません。板垣らは、明治七年、民選議員——つまり国会ですね——これを設けよ、と政府に建白書を出します。自由民権運動のはじまりでした。この初期の運動は、結局は不平士族を基盤としていました。

ただし、今回は自由民権運動を語るのではありません。サムライの廃絶とかれら士族の不平、そして反乱についてふれます。いくつか士族の反乱がありました。最大にして最後の反乱だったのが、西南戦争でした。この一大事変について、年表ふうに言っておきます。

明治十年二月、西郷が鹿児島県士族一万二千に擁せられてかれらに体を与えるようにして立ちあがった。かれらは武装東上して政府を尋問すべく鹿児島を発す。二月、熊本城の攻防戦。三月、田原坂の激戦。四月以後、政府軍が増強され、九月、薩軍は潰滅。西郷以下、賊とされた。

この乱については、乱の直後からさまざまの解釈がおこなわれています。低く評価する人は、これを単に士俗的な郷土主義《ナショナリズム》の爆発とか、あるいは反乱者に国家的な見地がなく、単に士族の私益擁護、私的感情、怨嗟が反乱の形態をとったもの、とするなどで、ときに、明治初期政権の頂点にあった大久保と西郷の私闘《しとう》とみる人もいました。

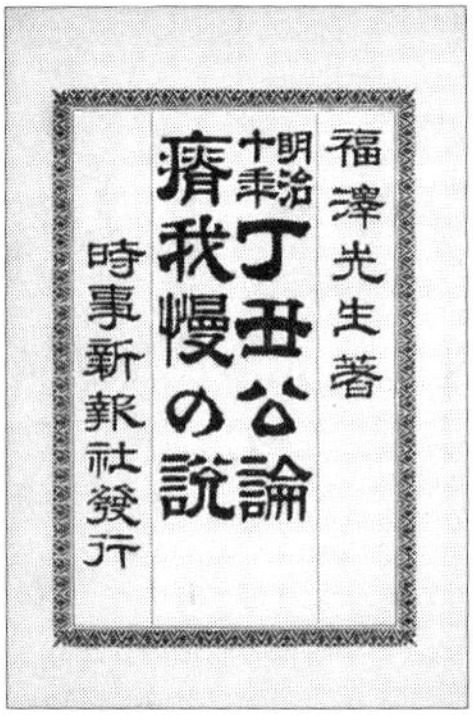

『丁丑公論』（慶應義塾大学福澤研究センター蔵）

ところが、当時、もっともハイカラな人とされていた福沢は、文明論の立場から西郷とその郷党の士族たちを是認したのです。

福沢は、明治十年秋、西南戦争が西郷の敗北でおわった直後、『丁丑《ていちゅう》公論』という論文を書きます。発表するつもりがなく、ながく筐底《きょうてい》に秘めておくつもりでしたから、文章には物事の本質の底の底まで掻きとってくるような痛烈さがあります。二十余年後、門人が福沢の許可をえて時事新報に連載します。連載がおわる前に、福沢は死にました。

「猿にでもわかるように書く」

という明晰さが福沢の文章論でした。それだけに、『丁丑公論』の文章はいっそう痛烈でした。

この場合、論者の福沢という人についてのべておく必要がありましょう。かれはいまの大分県の中津の藩士でした。江戸末期、大坂や江戸で洋学をおさめ、幕末、咸臨丸の船将《アドミラル》木村摂津守の従者になって渡米しました。帰国後、その洋学を買われて幕臣になりました。かれは、自分が旗本というよりも、技術でその身を買われただけの存在だ、とじつにくっきりとした自己認識をもっていました。語学技術者だけに、公務でその後、欧州とアメリカに渡航しました。幕末において三度も海外に行ったというのは、めずらしい経歴でしょう。

そのように、にわか幕臣ながら、幕末争乱期のなかで、孤独に日本の将来を考えました。かれは〝個人の独立があってこそ国家の独立がある〟と考えていましたし、その個人の「独立」の中身は、自由と平等でなければならないと考えていました。つまりは、勝海舟や坂本龍馬が考えた国民国家の樹立ということでした。かれは幕臣でしたから、幕府をして諸大名を解散し、国民国家をつくらせるということはできないか、と考えました。かれは徒党を組んだり、同志を求めるといった人ではなく、つねに一人で物を考える人でした。たった一人の密室でそれを考え、同時にそれをうちこわしました。それをやるには幕府の力はあまりにも弱い、ということに気づいたのです。それで、絶望的になりました。

では雄藩はどうかとながめますと、かれの目に見える薩摩や長州などという藩も他の藩も、単純きわまりない排外思想（尊王攘夷）と運動をやっているにすぎず、こんな無知な連中（結局それが、西郷・大久保あるいは長州の木戸孝允だったのですが）に新国家がおこせるはずがない、と思いました。

かれの大坂での恩師緒方洪庵（一八一〇〜六三）が、江戸へ奥御医師《おくおいし》としてよばれてその地で病死（文久三年）したとき、福沢も二十八歳で江戸にいました。通夜の席で、同窓の長州人村田蔵六（大村益次郎）に会い、村田が長州の攘夷派を是認しているのをみて、胸がわるくなりました。その大村がのちに討幕の総司令官になるなど、互いに夢にもおもっていなかったときです。

ともかくも福沢は、日本には国民国家ができあがる芽がないと絶望し、一八六八年六月（慶応四年・明治への改元は九月）御暇《おいとま》願いを出しました。私塾（慶応義塾）で若人を教えることに専念したのです。

福沢は、「独立とは、自分で自分の身を支配して、他によりすがる心がないことをいう」（『学問のすすめ』）といいます。また「外国に対してわが国を守るには、自由独立の気風を全国に充満させ、国中の人々は身分賢愚をとわず、国家を自分一個がひきうけ、国人たちの分《ぶん》をつくすほかない」ともいいます。攘夷さわぎで国がまもれるか、といいたかったのです。


さて、『丁丑公論』です。

その前にひとこと申します。明治初年から十年までのあいだのことを調べていますと、この十年で、その後の日本国家の基礎がほぼできあがったように思います。権力の中心機関である国家会計の整備、徴兵令による陸軍建設と、造船と教育を中心とした海軍の基礎がため、警察の整備といったものは、権力の自己強化として当然必要なことだったのですが、そのほか、早々に鉄道工事に着手し、明治五年には日本最初の鉄道が開通しましたし、明治四年には郵便制度がスタートしました。大学も開校し、港湾の近代化も、着実に出発しました。

わずか十年で、よくやったと思います。

が、それは、たとえば議会という民主的手続によっておこなったのではなく官員が思いつき、少数の仲間できめて、どんどん実行したから早かったにすぎません。なにしろ、明治初期政府というのは、書生のあつまりでした。ついこのあいだまで攘夷に走りまわっていた連中です。薩摩や長州の攘夷には表裏二つの意味がありました。攘夷を叫び、攘夷の実行を幕府にせまることによって日本じゅうの素朴世論をかきたて、自分たちに世論をひきよせておいてから、幕府をたおす。そのあとは、開国する。開国どころか、ヨーロッパなみの国にする、というものでした。たちがわるいといえばそのとおりです。もともと革命というのは譎詐《けつさ》奸謀《かんぼう》、だましとからくりと陰謀にみちたもので、決してきれいなものではありません。幕末の福沢でさえ、だまされていた。

そういう志士や書生たちでは、とても実務ができないものですから、薩長が上に立ちつつ、旧幕府や各藩の優秀な人材をあつめました。権力は薩長の藩閥がにぎり、実務はかれらがやります。実務家というのはしごとをしたくてたまらないひとびとですから、着想しては藩閥人の許しをえてどんどん実行する。

明治初期政府とは、そういう官員団の名をかえたものでした。かれらに、とほうもない権力や権限がある。だから、一独裁者による専制ではなく、官員団による集団専制というべきものでした。まことに、「有司専制！」でした。

福沢の文章はわかりやすいのですが、『丁丑公論』の文章はすこし古格な感じなので、口語に直しながら、ふれてゆきます。

「人間の性というのは、思うことを何でもやって遂《と》げたいところがあって、これをいわば専制といえなくはない。政府にしてもそうである。だから、専制だからといって咎《とが》むべきではない」

なんだか政府を弁護しているようでもあります。

「しかし政府の本能が専制であるからといって、ほうっておけばきりもなくなってしまう。要するに専制は、これを防がなければならない」

それは、火に対して水が入用であるようなものだという。防ぐ方法はただ一つ、

「抵抗あるのみ」

抵抗の方法はいろいろある。文でやる方法、武でやる方法、あるいは金でやる方法。ちかごろの日本は、「文明の虚説に欺《あざむ》かれて」だんだん抵抗の精神が衰えてきたようだが、これはいいこ

とではない。

世の中は無気力になっていて、士民とも、政府の勢いの前にちぢこまっており、真実をいわず、おべっかばかりいったりしている。

「自分は西郷氏に一面識もない。いまからのべることは、私情から出たものではなく、公論として書く。一国の公平を護りたいために書くのだ」

福沢は、この稿を深く家に蔵《おさ》めて、時節を待って発表したい。その目的は「日本国民抵抗の精神を保存して、其《その》気脈を絶つことなからしめん」がためである、というのです。

「乱の原因は政府にあり」

と、福沢は断言します。そしてその理由を綿密に書いていますが、ここでは西南戦争が主題ではありませんので、ふれません。

福沢は、西郷について、まず、

――かれが国に対してなにかわるいことをしたか。

というのです。なにもしてはおりません。むしろ西郷には大功があります。であるのに、かれに賊名を着せるのはおかしいではないか。

さらに、西郷の無私についてほめるのです。

西郷隆盛（国立国会図書館蔵）

　また西郷は、封建制をよろこばなかった。もしかれが封建制支持者なら、徳川氏をたおしたときに島津氏を将軍にしたろう、でなくても、かれ自身が大名になったはずだが、そんなことをしなかった。それどころか、維新後はかれは島津氏の不興を買い、その上、かれが賛成することによって、廃藩置県という、維新以上の大改革をやり、それによって大名も士族も消滅した。かれが消滅させたといっていい。

　また乱を好むわけでもなかった。明治七年、前司法卿江藤新平が故郷の佐賀に帰り、佐賀の不平士族にかつがれて乱をおこしたが、政府軍によって潰滅させられた。このとき、西郷は鹿児島に帰っており、佐賀の乱に呼応しようという動きがあったのをおさえこんだ。明治九年、前兵部《ひょうぶ》大輔《だゆう》前原一誠が長州で乱をおこしたときも、西郷は動かなかった。

　福沢はそのようにいうのですが、私には政府側にとって鹿児島（薩摩）を討つというのは、むりもなかったように思うのです。明治初年以来、島津久光の意をうけた久光党のひとびとが、鹿児島県庁を牛耳《ぎゅうじ》っていて、租税をいっさい中央に送らず、中央の命はきかず、一独立国のようでした。その実情は、政府として外聞《がいぶん》がわるいので、公表していませんでした。明治十年のとき福沢はおそらくこのことを知らなかったでしょう。

なにしろ、明治政府は、久光の意に反したとはいえ、島津氏の財と兵力のおかげでできたのです。政府としては、鹿児島県に服従を強いるわけにもいかず、じつにつらいことでした。とくに長州閥の木戸は、大久保に対し、

――鹿児島のわがままをなぜ放置しているのか。

と、しばしばなじりました。

そういう鹿児島の状態の中に西郷が戻って行ったのです。陸軍大将の現職のままでした。政府は制止することもできず、また官職をやめさせることもできず、給料は陸軍省に積みおいたといわれています。その西郷のあとを追って、陸軍の近衛軍の薩摩の軍人が大挙帰ってしまう。結局、政府としては機を見て、全力をあげてこれを討つというのも、統一政府の権力の論理としては当然だったでしょう。

福沢が、西郷の死においていいたかったのは、さきにのべた抵抗論よりも、また右のような事情論よりも、じつはサムライたちがついに滅亡してしまったということについてのさびしさについてだったでしょう。西郷の死と、西郷の後輩たちの大量死は、サムライたちが保持していた日本人の品性や気骨、質実さが、今後、急速に薄れてゆくという不安を福沢にいだかせたのでしょ

う。〝個人の独立〟といったところで、薄っぺらな個人が独立したところで、なにほどの美を済《な》すわけではありません。福沢は、それより生年のわかい内村や新渡戸たちが大切にした、武士道というものを大切にしたかったのです。かれらは、米国でニューイングランドあたりにいる敬虔《けいけん》で厳格で自律的な新教徒を多く見ました。かれらがもつ個人の厚みを十分に知っていました。それに匹敵するものが、まだ十分に世界性のなかでみがかれていないとはいえ、武士道ではないか、とかれらは思ったのです。

福沢は、『丁丑公論』の中で、政府が西郷を〝賊〟としたことに腹をたてています。西郷一個のことよりも、〝賊〟にされることによってサムライまでが亡びてゆくのではないかということを、日本のためにもっとも不安としたのです。

そのことは、福沢が明治二十年に執筆した『瘠我慢《やせがまん》の説』にもよくあらわれており、『丁丑公論』の第二編というべきものです。

『丁丑公論』の中で、福沢は、東京で栄華の中にいて、ときに不品行な者さえ出ている官員たちのことを、

「人面獣心」

というはげしいことばで評しています。もっとも福沢は自分が使ったようにいわず、薩摩士族のうち、故郷にいる者が、東京で官員になった者をののしってそういっている、というのです。

薩人は東京と故郷の二派にわかれています。東京で官員になって栄耀栄華の中にいるものと、故郷で、古来の質朴《しつぼく》のなかでいる者とです。故郷の者は、東京の官員を「評論して人面獣心と云ふに至れり」と書いています。ちょっとつかうのをはばかることばですが、あえて福沢がつかったのは、かれも同感だったからでしょう。ついでながら、質素というのは、欧米でも日本でも、高貴なひびきをもったことばでした。英語のplainという簡単・質素といったことばは、高潔な精神と仲間をなす精神とされています。これもプロテスタンティズムの遺産というべき精神、あるいは生活態度でしょう。武士における質素というものは、精神を置くスタイルとして欠かせないものでした。

西郷が東京に居たたまれなくなったのは、じつは政論・政見の相違といったものよりも、馬車に乗り、ぜいたくな洋風生活をとり入れて民のくるしみ（百姓一揆が多発していました）を傲然と見おろしているかのような官員たちの栄華をこれ以上見ることに耐えられなくなったからでした。西郷は、真正の武士でした。

しかも、その〝東京政府〟は、西郷がつくったのです。西郷はこれらの現状を見て〝討幕のいくさはつづまるところ無益だった〟とこぼしたり、

「かえって徳川家に対して申しわけなかった」

といって、つねに恥じ入る心をあらわしていた、という話を福沢はきいています。福沢はかっ

ての町人にその経済を見習え、などといって、着流しの町人姿でいることが多うございました。さらには、一階級たるべきことをとなえ、平等をねがい、

「国民」

を設定し、国民が主人である、政府は国民の名代人《みょうだいにん》にすぎない、といったりしました。さらには、

「門閥制度は親のかたきでござる」

ともいいました。だから、制度としての士族保存をいっているのではないのです。前時代の美質をひきつげ、といっているのです。革命というのはじつに惨憺たるもので、過去をすべて捨て去るものですが、過去のよかったものを継承しなければ社会や人心のシンができあがらない、ということをいいたかったのでしょう。

西郷も、廃藩置県に同意したことでは、国民の設定については大きく賛成したということになります。が、かれには、かれ自身が一身で解決できないほどの矛盾がありました。かれは、武士がすきだったのです。とくに薩摩武士が好きだったのです。人間として信頼できるのはこの層だと思っていました。この層を制度として生かせば〝国民〟はできあがらない。かといって、かれにとって宝石以上のものである武士を廃滅させることはできない。

西南戦争の真の原因はそこにあります。

同時に、これをほろぼした政府は〝議論〟をもって滅ぼさず、権力と武力をもって滅ぼしたのです。あまつさえ、その〝武士〟である敵を〝賊〟としました。福沢のなげきは、この〝賊〟ということにあります。せっかく欧米とくに新教国と、精神の面で張り合って十分遜色のない〝武士の心と生活〟というものを、政府は〝賊〟としたということを、福沢は、国家百年のために惜しみかつ、心を暗くしたのです。『丁丑公論』の文章の激越さは、その憤りにあります。

西南戦争における当初の薩摩士族軍（私学校軍）は、約一万二千でした。西郷は、反乱について終始積極的ではありませんでした。かれら郷党人が決起するというので、かれはやむなく、勝海舟にいわせると、身をわたしてしまったのです。以後、西郷は、作戦についてなんの意見ものべていません。自殺するようにして身をゆだね、七カ月の戦いのあと、政府軍の重囲のなかで、別府《べつぷ》晋介《しんすけ》をかえり見、

「晋どん、このへんでよかろう」

首を刎ねよ、といって自害しました。

この戦いの規模は、大変なものでした。九州各地の旧藩の士族が呼応し、総勢三万にたっしました。薩摩を中心とする日本最強の士族たちが死ぬことによって、十二世紀以来、七百年のサムライというものは滅んだのです。

滅んだあとで、内村鑑三や新渡戸稲造が書物のなかで再現しますが、それはもはや書斎の〝武士〟だったのではないでしょうか。さらには、政府は、軍事教育や国民教育を通じて武士的なものを回復しようとしますが、それらは、内村や新渡戸の武士道ではなく、ひどく瘦せて硬直化した、きわめて人工的な武士像でした。西南戦争を調べてゆくと、じつに感じのいい、もぎたての果物のように新鮮な人間たちに、たくさん出くわします。いずれも、いまはあまり見あたらない日本人たちです。かれらこそ、江戸時代がのこした最大の遺産だったのです。そして、その精神の名残が、明治という国家をささえたのです。

第十一章

「自由と憲法」をめぐる話——ネーションからステートへ

いままでのべてきたことによって、明治維新が、多くの運動者に明晰な意識はなかったにせよ、〝国民国家〟の創出を目的としたものであったことは、わかって頂けたと思います。

ついでながら、近代ヨーロッパでは〝国民《ネーション》〟と〝人民《ピープル》〟は区別された概念のようですが、日本ではふつう〝国民〟のなかにその両概念をふくめます。ですから、この私の話も、そういう言語的慣習に従って、国民ということばをつかいます。

いうまでもなく、明治以前には〝国民〟は存在していませんでした。藩単位で申しましても、〝藩国民〟ですら、存在していなかったのです。たとえば、会津藩であります。明治元年（一八六八）の戊辰《ぼしん》戦争のとき、会津藩領が、怒濤のような勢いの新政府軍によって侵入され、ついには孤城になった会津若松城を攻囲されましたが、会津の百姓・町人には無関係でした。かれらは

〝侍のなさること〟として傍観しておりました。

新政府軍の総司令官は、のちに自由民権運動の総帥《そうすい》になった土佐の板垣退助（一八三七〜一九一九）でした。板垣は、これには深刻な衝撃をうけ、あらためて封建社会というものを知らされた思いでした。新政府軍の道案内をした領民さえいました。

「あのとき、会津藩の百姓・町人が藩とともに動いていれば、あんなみじかい攻囲戦で済まなかったろう」

と、のちに回想しています。板垣における自由民権運動もまた国民の創生運動だったのです。国民をつくりだすには、国民に政治参加の権利を保持する必要があります。それが、かれらの民権運動でした。国民が政治参加をするためには〝国会〟という場が必要です。むろんそれを保障する〝憲法〟がなければなりません。〝国会〟と〝憲法〟それがおおかたの自由民権運動の運動目標でありました。といっても、あくまでも、

——政治の場を。

ということでした。

——基本的人権を。

という声は、ごく小さなものでしかありませんでした。

ひとつには、明治維新が、薩長土肥をはじめとする士族（三千万国民の約七％）によってお

こなわれましたが、それにつづく自由民権運動は、かつての庄屋階級によっておこなわれた、といってもいいからです。〝庄屋階級〟ということばは、ここでは象徴的につかっています。郷士、庄屋、大百姓という富農階級と考えていただいていいかと思います。かれらは、七％の士族に準ずる階級であるばかりか、士族一般より経済力があります。さらには、士族と同様、代々本を読む階級であり、さらにいえば、村落の管理者として、農村の実情にあかるく、かれらを代表するといった地生《じば》えの意識のつよい階層でした。

「泣いて読む盧騒《ルソー》民約論」

という詩をつくったのは、肥後（熊本県）の荒尾村の庄屋の長男宮崎八郎（一八五一～七七）でありました。荒尾の宮崎家は、八郎たちの父長兵衛という人が、子らに「人の世のためにつくせ、そのために死ね」と教えつづけたといわれています。長兵衛は徳があっただけでなく、過剰なほどの愛民主義者でした。その思想と人柄と庭訓《ていきん》については、八郎の末弟の宮崎滔天（一八七一～一九二二）が『三十三年之夢』の中でのべています。ついでながら、滔天は孫文（一八六六～一九二五）をたすけて中国革命のために働いた人です。

八郎に話をもどします。かれは、十七歳で明治維新に遭いましたが、維新前後、肥後熊本藩細川家は動かなかったために、かえってその悔いが、肥後人の理性と感情を天下にむかって膨張させたともいえます。八郎もその気分を持っていました。かれは東京に出てきたりしますが、薩長の世では、自分がとるべき方向をつかむことができませんでした。やがて明治七、八年ごろ民権運動にはいりました。民権運動としてはじつに初期のころでした。かれは、明治十年の西南戦争のとき、県下の民権運動家とともに〝熊本協同隊〟をつくり、西郷隆盛の挙兵に参加します。戦いのなかで、かれは同志に、

「われわれは西郷とは、考え方がちがう。われわれが西郷の挙に加わるのは、かれに天下をとらせて、しかるのちに民権の世をつくるためだ」

といっていたといわれています。このころ、土佐出身の中江兆民(一八四七~一九〇一)がフランスに留学して、ジャン・ジャック・ルソー(Jean-Jacques Rousseau 一七一二~七八)の『社会契約論』をもち帰り、『民約論』として発表します。その初期の稿を八郎は手に入れたらしく、感激のあまり右の漢詩をつくったのです。

ルソーの思想が、明治維新より百年前のアメリカの独立(一七七六)あるいはフランス革命(一七八九~九九)につよい影響をもたらしたことは、周知のとおりです。アメリカ独立とフランス革命が現代世界への開幕とすれば、ルソーはその原作を書いたようなものでした。その自由と平等、その主権在民、その愛国、さらにはその人権思想、もう一ついえば、立法府(国会)の重視は、そのままアメリカ合衆国や共和国フランスにとって教科書のようなものでありました。

ところが、明治維新は、世界の大思想とは、無縁におこった革命なのでした。

革命のための思想といえば、尊王攘夷という十三世紀におこった朱子学のことばが、共通のスローガンであっただけでした。朱子学においては、中国の儒教文明の優位をたかだかとかかげ、物事を善玉《ぜんだま》と悪玉《あくだま》にわけてすべてを概念化しました。儒教にあらざるものは夷《えびす》である、夷は悪である、という大ざっぱな概念化は、とても十九世紀という、物事が精密になった世界の現実には適《あ》わぬものでしたが、幕末人たちの手持ちの思想といえばこの朱子学的世界観と、江戸中期からおこった国学とそれと表裏をなす神道しかなかったのです。むろん仏教はありました。しかし、仏教は十三世紀以後は停滞しており、またその本質からいっても、こういう場合の役には立たぬものでした。

歴史は〝もし〟ということばをゆるしませんが、もし安政年間にルソーの思想が入ってきて翻訳刊行されたとすれば、明治維新を成立させた勢力の一つに、国学派があり、ルソー派もあった、というにぎやかなことになり、明治政権の構成要素に、その勢力もしくは思想が入ったかもしれません。もっとも、現実にはそうはならなかったのです。しかし幕末の知識人は、オランダ語でいう、

「フレーヘードル（自由《フリーダム》）」

という言葉とその大ざっぱな内容は知っていました。ただ、おそろしい思想だと思っていたの

ではありますまいか。安政ノ大獄で刑殺された長州の思想家吉田松陰（一八三〇～五九）は、その生前、攘夷のために幕府を一変させることに腐心し、もしなにもかも絶望なら〝地下の奈翁をおこしてフレーヘードルを叫ばざるべからず〟といっています。絶望の中の悲鳴というべきものでした。また幕末の知識人たちは、フランス革命の象徴がナポレオンであると思っていましたが、第一級の知性である松陰でさえそう思っていたのです。

それほど日本は、世界から孤絶した島だったのです。

松陰にさえ〝フレーヘードル〟が過剰思想と感じられていたとすると、さきに、冗談で〝安政年間にルソーの思想が入っていたら〟といいましたものの、とても幕末の日本は、「自由、平等、人権」といったような——思想は入りこめるような土壌ではなかったかもしれません。たとえ入りこめても、ながい年月、追いだしや、はねのけ、弾圧の歴史がつづくということになったでしょう。このへんでやめましょう。昨夜見た夢の話をするおろかさ以上に、歴史に〝もし〟をつけて話すことは、もっともおろかですし、むだなことです。

やはり自由と民権については、中江兆民の出現を待たねばなりません。

ただ、兆民の出現は遅すぎました。かれは、明治四年（一八七一）、大久保利通にたのんでフランスに留学し、明治七年にもどってきて、東京で仏学塾をひらくのです。かれはルソーを説き、薩長専制政府を攻撃し、人民の革命権と抵抗権を説き、自由民権運動に思想的根拠をあたえつづけました。

兆民は、土佐人でした。土佐藩の足軽の子で、少年のころ、坂本龍馬に会って、生涯、胸にのこる感銘をうけたといわれています。

強烈な集中力をもった性格でした。以下の逸話は少年のころのものです。夏、井戸に身をつるして本をよみつづけたといわれていますが、土佐人にしばしばみられる一《いち》ガイ（土佐弁。一点に執着しつづけること）な性格を想像させます。中国古典にあかるく、さらには、名文家でもありました。土佐は多くの文章家を生みましたが兆民はその尤《ゆう》たる一人でした。

「土佐人は、天成の自由児である」

と、となりの伊予出身の加藤拓川という人がいったことがありますが、まことに地《じ》のにおいといったところがあります。私は、高知県から名誉県人にしてもらっていますが、拓川とおなじことを考えます。明治七、八年ごろから、高知県が、自由民権運動の一大淵叢《えんそう》になったのも、風土性によるものかと思うのです。むろん、兆民の思想があってこそ、その風土が普遍性をもったのですが。

さきの宮崎八郎です。

——この世でよいことをせよ。

と、父親にいわれたとおりの人生を歩み、二十九歳で、熊本の八代《やつしろ》の戦場で死にました。肥後の荒尾から、八郎の家族が、はるかに八郎の死体をさがすべく八代にきてやっとそれを見つけたといわれていますが、遺体の褌に、兆民の民約論が巻きこんであったということです。八郎にとって、ルソーの『社会契約論』は、経典でありました。

八郎の宮崎家というのは、その後、家の女たちが、小さな男の子たちに、

「八郎おじのようにおなり」

といって、励ましたといわれていますが、変った家風というべきですね。女性の立場からいえば、八郎のみじかい生活と非業《ひごう》の死は、ただただ傷ましく悲しいだけのはずでありますのに、彼女たちはそれを善としたのです。その上、家風として世間への奉公心のあった家なんですね。こういう家は、江戸期の庄屋、明治初年の戸長《こちょう》の家にときどき見出されます。土佐の場合などもそうでした。幕末・明治期、国家へのつよい気持を持った家の多くは、土佐の場合、藩士階級よりも、郷士・庄屋階級だったようです。天誅組の吉村寅太郎や、龍馬とともに死んだ中岡慎太郎も、庄屋階級の出身でした。

明治の自由民権運動は、じつにさわがしいものでした。明治七、八年からおこって、明治二十二年の「大日本帝国憲法（通称・明治憲法）」の発布とその翌年の国会の開会でほぼおわってしまいます。明治十年代の日本を全国規模で喧騒につつんだ大運動のわりには、その勢いのおとろえは、じつにあっけないものでした。私など、ふと、

――かれらの目的は、代議士や県会議員になるだけが目的だったのか。

と、思いたくなるほどです。

げんにそういう要素は、明治の自由民権運動にあって、中江兆民や宮崎八郎のような純度の高い思想もしくは気質はべつとして、後世の私どもをがっかりさせるような一派もなくはありませんでした。中身を割ってみれば、

――薩長だけが政治を独占せずに、おれたちも割りこませろ。

というのがホンネだったのではないか、といった感じのひとびともいました。これは、むりからぬことでもあります。薩長から外されている不平士族や、教養と財力をもつ豪農たちが、薩長の専制政府に、ハイハイと言いなりになっているほうが、異様です。それに、四民平等と国民の成立がすでに実現されているのに、政治という高楼に薩長閥などの高級官僚がとじこもって、全国民に君臨しているというのも、異常だったのです。

「自分たちにも参政権を。それには議会を。――」

というのは、当然なことでありましたろう。

それに、中江兆民らによって種が蒔《ま》かれた〝天賦人権説〟は、じつに時代にとって魅力的でした。それ以前の江戸時代にも、平等の思想の流れはありました。たとえば江戸後期に大坂の商人でもあり、独創的な思想家でもあった山片蟠桃《やまがたばんとう》が、人はみな平等だという意味のことをいっていますし、また江戸末期には、〝一君万民思想〟という平等思想がひとびとをとらえていました。土壌はあったのです。ですから明治十年代には、知識人一般の常識になっていました。

しかし人権とか、政治への参加の権利とかとなると、平等思想よりももっと突出したもので、活性に富んだ、その意味では目にもまばゆいものです。つまり自由民権思想ばかりは、江戸身分制のもとでは、ひとびとが思いもよらなかったものでした。

人権意識、さらには、〝自由と愛国〟というあたらしい意識は明治初年の非藩閥人にとってなんときらびやかなものだったでしょう。しかも国家と一体感になれるという意味で、可燃性がつよく、爆発力もつよかったのです。

「官《かん》は、われわれが国家と一体化しようとする欲求を阻んでいる」

というのが、自由民権運動家の官への共通した態度でした。ある意味では、かれら自由民権家こそ、初々しく誕生した〝国民〟というものの最初のひとびとだったでしょう。ですから、かれらの多くは、人権をとなえるよりも、声高《こわだか》に政府の専制をののしる一方、さかんに愛国をとなえました。〃愛国〃ということば自身、それまでの日本語にはなかった新鮮なことばでした。

このことばが全国にひろがるのは、自由民権運動家によってでありました。すなわち明治八年（一八七五）高知県の立志社がよびかけて、全国規模の自由民権運動をおこしますが、その結社の名が「愛国社」というのです。〃人権社〃などと命名する意識はなかったというべきです。その「愛国社」が五年経って大成功をおさめたあと、目的をするどくしぼって、明治十三年、国会をひらけ、という大合唱を発すべく「国会期成同盟」に改称します。

政府攻撃の声は満天下にみち、津々浦々にいたるまで新聞が発行され、

——政治参加の自由を。

とか、

——地租《ちそ》をやすくせよ。

——不平等条約は国辱である。

といった声が叫ばれ、民権運動家の演説会はどこでも満員でした。ついには有料にした演説会もあり、聴衆が満員のために会場のゆかが落ちるというさわぎもありました。民衆は〃治められる者〃でなく、〃国民〃になりたかったのです。

その翌十四年（一八八一）、政府はついに押しきられて〃明治二十三年（一八九〇）には国会を開きます〃という誓約をします。この誓約は、詔勅の形をとりました。

人民・国民といっても、教養のある人や、財力のある人ばかりではありません。落語に出てくる熊公・八公も、むろん国民でしたが、かれらは多分に〝沈黙の階層〟でした。

「日本人は、礼儀正しい。ただし、二種類の人間がいる」

と、たれでしたか、幕末、横浜にきた西洋人の一人が書いています。毅然とした日本人、礼儀正しい日本人、おっとりした日本人、……これらは、武士階級や、日本橋あたりの商人、あるいは富農階級でしょう。もう一種類とは右の日本人とはまったく別人のように、横浜の居留地の辻や、西洋館の軒下にむらがって小バクチを打ったり、西洋人がやる生糸《きいと》相場のおこぼれをひろってくらし、いつも辻でむらがって、ゲタゲタ笑ったり、小さな利に目を変えてとりあいしている人たち。こすっからくて品がなくて、油断もすきもなくて、といったような人たちです。

さきに落語に出てくる熊さん・八っつぁんのことを申しましたが、われながらすこし語弊を感じます。熊さんや八っつぁんは、たいていは、大工・左官の見習いをしていまして、誇り高い職人の世界に属しています。日本は、世界でもめずらしいほどに職人とくに名工を尊ぶ文化をもっておりますから、熊五郎も八之助もその自尊心のなかで自分のモラルをつくりあげています。モラルとは、道徳的緊張という意味に解していただきます。

居留地の軒下で、小相場《こそうば》をしたり、小バクチを打ったりしている人達が、一西洋人の目に、どう《*》も別のひとびとのように映ったのは、かれらが道徳的緊張とか、背骨のピンと立った士族的な文化を共有しておらぬように印象されたからでしょう。

かれらは、自由民権運動に対しても、べつに関心を示さなかったでしょう。また〝士族民権家〟や〝豪農民権家〟たちも、この層の代弁者たりえませんでした。どちらかといえば、自分たちとはちがったひとびととして視野のそとにおいていたようでした。

すでに、明治維新と廃藩置県によって〝国民〟は創出されました。ただし、ここで言っておかねばなりませんが、明治初年に新政府が創りだした〝国民〟というのは、法によって権利と義務が明快になった〝国民〟ではありません。税金をとられるだけの存在でした。絵にかいたモチでした。

それが実質をともなって明快になるためには、列国とほぼ似たような憲法をもち、憲法下の法体系をもち、法治国をつくりだすことによってしか生まれないのです。

それは、明治十年代の知識人有志にとって、まぶしいあこがれでありました。

——しかし、ああいうひとびとが〝国民〟になれるのか。

という奇妙な疑念は、官にある者にも、在野の運動家の中にもありました。〝ああいうひとびと〟というのは、居留地の洋館の軒下で小バクチを打っているようなひとびとのことです。

こんにちとなれば、何でもないことです。そういうひとびとこそ真の人民だという言い方もできますし、ちょっと皮肉っぽくいえば、そのひとびとこそ、アジア的現実そのものだということもいえます。当時の清国の上海にゆけば、たくさん見ることができたはずです。近代中国の作家魯迅（一八八一～一九三六）が『阿Q正伝』（一九二一）に書いた阿Qのことです。阿Qは、明治初年の日本にもたくさんいました。私は若いころ、阿Qにあこがれていまして、いまもその気分が体の中にあります。国家と国民道徳からほど遠い阿Qこそ、千古の民であり、その意味では、国家意識のつよい知識人よりも、人間という普遍的な存在であります。すくなくとも、アジア的普遍性のなかに生きていました。

しかし、知識人にとっては、〝法による国民国家〟という高級なものをつくりあげようとする場合、かれらを高級でないと見、かれらをどうすべきかということで不安だったのです。

そういう余計な心配を、福沢諭吉でさえ苦にして、〝かれらを一人前に仕上げるには三代かかるだろう〟といったりしました。もっとも福沢は、阿Q的存在をささず、〝百姓町人〟といっています。私のような後世の者には——そして百姓の子孫である私には——この時代の〝百姓町人〟はどうみてもりっぱなものだと思うのですが、その時代を生きた侍あがりの福沢諭吉の目からみれば、どうやら落第だったようです。まして阿Qにおいておや、ということになります。

そういう問題をひきずりつつ、在野の議論は憲法制定にむかって沸騰しつづけました。

政府はすでに、明治十四年、憲法を制定する、と公約しました。準備期間は、八年でした。

憲法草案をつくるしごとは、伊藤博文（一八四一〜一九〇九）にゆだねられました。

明治十年までの初期政権は、大久保利通と西郷隆盛という、能力と人物、さらにはかれらが無私であるということにおいて、日本史上、たぐいまれな人物を持っていました。しかし、このいわば創業の人が、明治十年とその翌年、相ついで非業にたおれたのです。この二人をうしなったのは、明治の不幸でした。

伊藤博文

なぜなら、かれらのあとは、精神の輝きよりも、出世欲がつよくて、権力をうまく操作し、物の処理において巧みである、という人物が出て参るのであります。ずいぶん品下《しなさが》ります。かれらは創業者というよりも処理家というべき存在です。あるいは、権力という素材をつかって、巧みに室内装飾をし、また彫刻をほどこす者です。大久保利通がのこした権力を長州の伊藤博

長州藩留学生当時の伊藤博文（後列右）（萩博物館蔵）

文がにぎり、西郷隆盛の陸軍のあとを、おなじく長州の山県有朋《やまがたありとも》（一八三八〜一九二二）が相続します。

どちらも、長州の阿Qの出身です。山県はわずか五人扶持《ごにんぶち》の小者の出身でした。ふつうの藩士と道ですれちがう場合、この両人は、たとえぬかるみ道でも、下駄をぬぎ、土下座せねばならぬ身分でした。

伊藤の出身は、山県よりさらに下でした。水田わずか五段《ごたん》の水呑百姓の出で、さまざまのことがあって、萩城下の士族社会に縁をもちますが、このような両人が、幕末の長州藩の中で人がましくなっていくのは、幕末におけるこの藩が、すでに革命化していたことの証拠です。革命化という表現がつよすぎるなら、藩内において革命的な動揺があり、身分制社会が大いにゆるんだという特別な事情があったということです。

幕末・明治初年における長州閥の総帥《そうすい》は、上士出身の木戸孝允《きどたかよし》（一八三三〜七七）でした。物わかりのいい開明的な性格で、自分一個の私的権力を増殖させたというところのすくない人物だったのですが、惜しいことにその四十四年の生涯の最後あたりは病気がちで、明治十年に死にます。西郷、大久保、木戸というような三大元勲が相ついで死に、さらに薩摩閥は西郷の乱でふたつに割れて弱くなったところへ、長州閥が大きく頭をもたげ、それを代表する伊藤・山県がでてくるのは、当然というべきでした。伊藤・山県は明治維新成立のときは、数ある脇役の一人でした。十年後に、時代が二人を大物にしてしまったのです。

山県は、陸軍に対する支配をぬかりなくやってゆきます。

伊藤は山県ほどにあくがつよくなく、山県とくらべればあけっぴろげで、憎めないところがありました。頭の柔軟さは大変なものでした。

なにしろ、はやばやと世を去った右の三大元勲が、それぞれ自己の哲学のかたまりのような人物であったのに対し、伊藤はそういうものをもたない身軽さがありました。

伊藤は、長州藩時代、攘夷で藩内でもって卑賤から身をおこしながら、藩から内々で英国留学をすべく、まず上海に寄港したとき、上海の開化した様子をみて早くも――以前から心の中で思っていたのでしょうが――攘夷をすてたような人物です。また明治五、六年の間《かん》、大久保や木戸らについて欧米見学をし、そのながい旅のなかで、薩摩の大久保の非凡な統率力と、物事への神秘的なほどの理解力をみて、大いに大久保に親しみ、その信任を得、木戸に嫉妬をさせたような人物です。

伊藤は、むろん、法律などは学んだことがありません。かれがうけた教育は、松下村塾で初等教育をうけただけでした。

しかしそれを補ってあまりある天成の聡明さをもっていましたから、人はたれも伊藤の能力に不安はもちませんでした。伊藤には、多少の人間的な欠陥はあります。たとえば女好きということです。しかし一方では私財を貯えたり、私的権力を張ったりするところがなく、無邪気で快活で、人の意見をよくきき、私心がすくないという美質をもっていました。


くりかえしいいますが、この時期の日本にあらゆる権力は「太政官」一つきりでした。この唯一の機関が、立法、行政、司法という三種類の三権力を兼ね、かつ地方の行政と裁判などいっさいもひきうけていました。〝政府あって国民なし〟といわれたように、国民すら存在していなかったのです。三千万の人民は、すべて受身でした。治められる存在であり、租税をとられる存在であり、徴兵される存在であって、ひたすらに受身でした。これでは、ひとびとは国家に対して一体感のもちようがありません。国家と一体感をもたない者を国民とはいわないのです。当然、日本じゅうのひとびとは、政府に対して不平といきどおりをもちました。それを自由民権運動だという言い方もできます。くりかえしいいますが、自由民権運動とは、西洋かぶれの思想ではなく、国民になりたいという運動と解していいのではないでしょうか。

話が、あと戻りしました。

私は、四十一歳の参議伊藤博文という憲法起草グループのキャップに話を戻さねばなりません。太政官ではすでに、各国憲法についてざっとしたものながら、調べておりました。フランスやアメリカの憲法は、徹底した共和制であるということで、机のすみに置かれました。（大いそぎで申しますが、それまでに整備されつつあった民法も刑法も、また警察制度も多分にフランス式でした）

各国憲法のサンプルとして、伊藤たちの机の中央にあったのは、立憲君主国である英国とドイツの憲法でした。もっとも英国憲法は、成文法には拠っておりませんので、他国である日本がそれを参考にすることはきわめてむずかしい。

「いや、英国憲法を参考にすべきだ」

とつよくのべたのは、参議大隈重信でした。大隈は佐賀藩出身で、若いころオランダ系米国人のフルベッキから英語や憲法をまなび、また長崎で英学を教えたりしていた人です。かれは、国民一人ひとりが独立した精神を持つべきだという思想をつよくもっている人でしたから、英国憲法をこそ範とすべきだと思っていたのでしょう。

が、歴史と伝統と文化を異にする日本が、英国の慣習法をとり入れることは、サカナに犬のまねをさせるほどにむずかしい。

それやこれやで、参議たちの意見は、ドイツ憲法に傾斜しました。ドイツ憲法が成文法であること、またドイツが産業革命をおこしてまだ歴史は初々しく、いわば日本と同様、新興国家であること、つまり政治的にもドイツが、プロイセン（プロシア）王国の主導でもって連邦をなしたのは、日本の明治維新に似ています。また下世話《げせわ》にいえば、ヨーロッパの田舎国である――ことが参議たちに、親近感と安心感をもたせたということも、いなめません。ついでながら、明治初年、自前の独立国として先進国の仲間入りをした日本は、欧米の先進国のいいところを、いいとこ取りで取りいれました。さきにのべたように、民法や刑法はフランス、海軍は英国、医学はドイツ、陸軍も、フランス式からドイツ式へといったふうで、そのあげく憲法もドイツを参考にしたのです。

伊藤の出発にあたっての辞令ともいうべき「内訓状」（明治十五年三月三日付）がのこっていますが、その文章の中に、

「我カ国体・民俗ノ良友タル独乙《ドイツ》」

といったふうな形容詞がつけられています。ドイツへの傾斜がいかにつよかったかをしのぶことができますし、なにやら、はるかな後世、昭和になってからのドイツへの傾斜と、ドイツと共倒れになってゆく昭和日本の不幸が――非論理的ですが――暗合されているような思いももたざるをえません。

もっともドイツ憲法といっても、具体的にはプロイセン憲法ということになります。

伊藤はドイツにゆき、二、三の憲法学者について特別講義をうけました。話のさきを急ぎますので、そのいきさつのこまごましたことについては、ひかえます。

日本政府は、早くから「御雇《おやとい》外国人」というアンチョコ（関西では虎の巻といいます）をもっています。法律については、フランス人である有名なボアソナード（Gustave Emile Boissonade 一八二五〜一九一〇）、イギリス人のピゴット（Sir Francis Tayler Piggott 一八五二〜一九二五）などといった第一級の法学者を高給でかかえていました。

そのうちの一人にドイツの憲法学者ロエスレル（Hermann K. F. Roesler 一八三四〜九四）がいまして、伊藤の懐ろ刀である井上毅《いのうえこわし》（一八四三〜九五）が、じつにくわしくロエスレルから、ドイツ法を吸収しました。井上毅は熊本藩の出身で、洋学者ではなく、漢学・国学者で、名文家でもありました。明治時代きっての秀才官僚として抜群以上の人物でした。思想は、国権主義と民権主義にわけますと、井上毅は国権家です。いわば民権家の敵ともいうべき存在ながら、民権家でさえ井上毅に対しては一種の畏敬を感じていました。たとえば民権家の総本山の中江兆民でさえ、井上毅の人柄と思想の透きとおった論理性には感じ

井上毅

入っていたようです。

伊藤は、ドイツ滞在中、井上毅という敬愛すべき後輩に手紙を送り、調査中の憲法のことなどをのべたなかで、

「憶《おも》フニ東洋一小島《いちしょうとう》ヲ以テ欧州諸強国ト対峙セント欲ス」

というたかだかとしたことばが、目につきます。伊藤博文の気勢《きお》いというより、当時の日本の気勢いだったのでしょう。

ただし、伊藤博文における感じのいい面というのは、官の頂点の一人でありながら、専制的気質をもっておらず、気質的にいえば、デモクラシーにやや適《あ》っていた人物だったことです。当時、政府は民権主義者から、ふたことめには〝有司専制〟(役人がすき勝手なことをすること)とか、専制政府とかよばれていましたが、そういう〝専制政府〟が、伊藤のような人物に憲法を研究して起草させるというのは、これまたいい感じだったと思うのです。

伊藤は、まずドイツ第一級の憲法学者であるグナイスト(Rudolf von Gneist 一八一六~九五)に会います。週に三日間通って、あとはノートの整理をしたり、質問したりすることを考えるという、じつに刻苦勉励という感じの毎日でした。

伊藤は、さきにのべた御雇のドイツ人法学者ロエスレルの学説が、すでにあたまにあります。じつはロエスレルは、ドイツ法の学者にしては自由思想(民権主義)の量の多い人で、それがた

めに〝社会的自由〟の上に法組織をつくらねばならないという考え方をもち、つまり自由主義者でありすぎるためにドイツ法学界の主流からはずれてしまった人でした。

それに対し、重鎮のグナイストは、平俗にいえば、大変〝右〟でした。ドイツ風国権主義というか、あたかも中世の城砦から胸甲《きょうこう》を鎧《よろ》って出てきたような思想の人物でした。自由についてやわらかい頭をもった伊藤はグナイストの国権主義にびっくりして、日本の友人に手紙を書きます。宛名は、太政官の財政関係の官僚である薩人松方正義《まつかたまさよし》（一八三五～一九二四）です。

「日本の現況を以て見候へば、（グナイストの憲法論は）頗る専制論にて」

と、驚いているのです。以下、口語訳します。

「（かれは、日本が）たとえ国会を設立しても、国会には決して軍事権と予算その他の財政権にはクチバシを容《い》れさせるな。そんなことをさせると、たちまち乱がおこってしまう。国会というのは、最初はちっぽけなものをつくるといいんだ」

ということです。

伊藤は右の手紙のなかで、

「どうもこの先生は、日本の現状がわかっていない。他日ゆっくりと話してみようと思う」

と書いていますが、たしかに、グナイスト博士のいうとおりの――国権が漬物石のように重い――憲法や国会をつくれば、日本じゅうが騒然となってしまうでしょう。

右は、ベルリンでのことです。

ついで伊藤は、ウィーンへゆき、有名なシュタイン博士(Lorenz von Stein 一八一五～九〇)に会うのです。このウィーン大学教授は、当時日本人の有力者のあいだで知られていて、明治五、六年ぐらいから、日本人がシュタイン詣でをしておりました。当時、憲法学を国家学といっていましたから、シュタイン博士にきけば国家のつくり方がわかると思っていたふしもないではありません。当時、日本ではスタインと発音し、「須多因氏」とか「斯丁氏」とかいった漢字をあてはめて親しんでおりました。

シュタイン博士

この人の憲法学説も、プロイセン風の国権主義、立憲君主論にかわりはないのですが、人柄がやわらかく、それに比較憲法論というひろい視野をもち、さらには日本の国情をよく知っているというところに、ドイツでは中道を感じさせます。だからこそ日本人にとっての魅力があったのでしょう。伊藤は、シュタインがすっかり気に入り、八月九日付で、岩倉具視にその旨の手紙を出しています。

たとえばシュタインは、伊藤の手紙の中で、伊藤にこういったといいます。口語訳します。

「英仏独はいずれも議政体(立憲政体)である。精神はそれぞれ異なっている。英国では、多数派の政党の首領が首相となって政治をとりしきる。フランスの場合は、国会が政府の上で、政府はいわば国会の奴僕《しもべ》である。ドイツはこれと異なり、政府は国会の衆議を重んじつつも、独立で行為する権がある。」

ドイツの場合、シュタインの言葉を言いかえれば、政府は国会の議決を経ずして政治行為をすることができるということです。中道的とはいえ、シュタインも、ドイツ憲法学者なのです。このシュタインの思想は、のちに大日本帝国憲法につよく反映されたはずです。たとえば明治憲法下の政府は〝緊急勅令〟や〝独立命令〟を出すことができるという性格をもつにいたります。つまり、行政府の大いなる優位性であります。この面が、昭和期になって、国家を病気におとし入れてゆくことになりますが、伊藤にはそこまで予見できません。

さて伊藤のことです。かれがウィーンでの滞在中、にわかにドイツ皇帝より電報がきて、会いたいということでした。ウィルヘルム一世（Wilhelm I　一七九七〜一八八八）であります。この皇帝は鉄血宰相といわれた首相のビスマルク（Otto Eduard Leopold Bismarck　一八一五〜九八）と力をあわせてじつに能動的な帝王でした。プロイセンの皇太子であった時代には革命派を軍事的に制圧し、王になってからは軍備を大いに増強する政策をとり、下院と衝突をくりかえしていました。ほとんど独裁者とかわらないほどの権能をもっていたのです。

伊藤は、この謁見について、九月六日付で、前記の松方正義に手紙を書いています。

皇帝は食卓の席で、伊藤に対し、

「卿は、憲法の取調べをしているときいているが、私は、日本国のためにそれについておめでとうとは言わない」

といったのです。伊藤は〝意外の言あり〟と書いています。柔軟な伊藤は、不満だったのです。食事がおわって、別室に席が移されたとき、ウィルヘルム一世は、国会なるものがいまは欧州の流行になっている、いかに国会をもつことが非なるものであるかを懇々切々と説き、

「日本にして、形勢やむをえずということで国会をひらくというなら仕方がないが、できるだけ注意したほうがいい。またいかなることがあっても、国費を徴収するのに国会の許諾を得ねばならぬということはするな」

ウィルヘルム一世が、外国の重臣にこんな秘事を明かすなど、よほど日本に好意をもっていたのでしょう。それにしても、国会は、国民の代表者の場であり、言いかえれば納税者の代表の場です。その国会に、予算の審議権を十分には持たすなというカイゼル・ウィルヘルム一世は、よほど近代の国家思想とはおよそかけはなれた思想をもっていた人物といえそうです。

ついでながら、プロシア、あるいはドイツ憲法において、君主がつよい専制権をもっていたこと、それを阻むべき国会の権限が弱かったということが、ドイツの滅亡をまねきます。この一世皇のつぎの代のウィルヘルム二世——活動的で、小ざかしいほどの自信家でした——において、ドイツ帝国をほろぼしてしまうことになるのです。ばかな話です。

伊藤は明治十九年から、草案を起草する作業に入りました。そのスタッフは、三人の俊才官僚でした。前記井上毅と長崎の町年寄の子としてうまれた伊東巳代治《いとうみよじ》（一八五七～一九三四）、さらにもう一人は、福岡県士族金子堅太郎《かねこけんたろう》で、金子だけが、明治四年、藩の留学生として渡米し、ハーヴァード大学で、法律を修めました。正規に法律を学んだのは、金子堅太郎だけでした。

伊東巳代治

金子堅太郎

伊藤博文は、どんな若い者でも大議論してあとを残さないというあかるい性格でしたから、この作業は、他の三人にとって気持のいいものだったようです。

ただし、密室の作業でした。明治二十年の夏には、神奈川県夏島《なつしま》の伊藤の別荘に四人がこもりきりで——むろん秘密にされています——この作業をつづけました。

明治二十二年二月十一日が憲法発布の日ですが、この日をめざして東京じゅうが奉祝門をたてるやら、イルミネーションをつけるやら、準備の段階からすでに大さわぎでした。

肌の荒れどめのベルツ水で有名なエルーウィン・フォン・ベルツ博士（Erwin von Bälz　一八四九～一九一三）は、東京大

学医学部で、内科学を教えていました。その日記に、このおまつりさわぎにふれたあと、

「だが、滑稽なことには、誰も憲法の内容をご存じないのだ」

先進国民が後進国に対してもつ悪意を感じさせます。おっしゃるとおり滑稽といえばたしかにそうなんですが、このあたり、同情もしてほしい。なんといっても、二十余年前までは、チョンマゲを頭にのせて、世界と隔絶した特異な歴史と文化の中にとじこもっていたこの民族が、ともかくも自前で憲法をもつことになったのです。それに、国会の開会は、すでに予告されていますし、ベルツさんが、〝みなさん、内容をご存じない〟といっても、憲法が制定されるというもっとも重要なことだけは満天下が知っているのです。ひとびとは、その一点をよろこんでいたのです。また、草案起草の秘密主義といっても、この状況下で、もし他にもれれば津々浦々に議論百出してついには出来るものも出来なくなるという政情のもとにありましたから、その点は伊藤博文らに同情すべきです。

さらには、立憲国家になるというのは、法による国家ということです。地生《じば》えの自然国家の住民たちとはちがい、法による国民になるということです。数千年、この日本列島に住んできたひとびとにとって、それまでは、自然国家の住民でした。そのことを、ニヒリズムの目からみれば〝たれも頼んでやしない〟とか〝よけいなお節介〟とかということになりますが、この時代、進歩とはいいことだ、という思想が、世界じゅうをおおっていて、日本のひとびとも、うたがいも

帝国憲法発布式之図（都立中央図書館特別文庫室蔵）

なくその世界思潮の中にいました。よろこぶのは当然だったでしょう。

憲法施行以後は、国家と一体感をもち、国家の運命を自分できめうる立場をもつという存在になれるのです。それが憲法下の国民というものです。人は、たれでも、多量か少量かはべつにして、ニヒリズムという苦味を持っています。私にもあります。そういうニヒリズムの目からみれば〝よけいなお世話だ〟とか〝たれも頼んでいなかったのに〟ということはいえます。

また、たれもが〝阿Q〟の部分をもっています。古代以来、この島に住んできた太古の民としての部分です。中国の古典の『十八史略』にあるじゃありませんか。古代の伝説の帝王堯というのは、理想的な君主でした。が、百姓たちにとってそんな者は関係ない、という思想です。〝おれたちは、太陽が昇れば耕作し、太陽が沈めば休息をし、水は井戸を掘って飲み、みずから育てた穀物を食って生きている。だから、「帝力《ていりょく》何《いずくん》ぞ我《われ》にあらんや」政治などは関係ないんだ〟これはむしろ政治への最大の讃美でした。民にとって政治は意識にものぼらないというのが理想の政治だ、という古代思想です。この古代思想からみれば、民は〝阿Q〟でいいんです。

右の堯と民の関係は、すばらしい詩的情景で、人間は〝阿Q〟でありつづけることこそ至福だともいえます。結局は、これは羊飼《ひつじかい》という為政者と羊という〝阿Q〟の関係になります。古い時代の中国では、政治をすることを、「牧民」といっていました。民ヲ牧スル。民とは、家畜のことです。〝帝力何ぞ我にあらんや〟は、羊としての歌であります。近代は、シンドイのです。

近代は、そうはいかなくなったのです。

英国を皮切りにして産業革命が先進各国でおこり、ありあまる商品を、世界じゅうの古代的な羊たちに売りつけることで、古代以来保ちつづけてきた〝後進国〟の国境の観念がかわりました。その結果、富は列強にかたより、〝帝王と阿Q〟だけの二元構造の国々は、いよいよ貧しくなったばかりか、古代的な政治形態や暮らしのあり方までが変りました。当時のインドをご想像ください。英国の商品はインドを支配しただけでなく、英国は軍事力をもってインドという市場をまもり、ついにはこれを植民地にし、さらにはべつの〝帝王と阿Qの国〟である中国にも手をのばしました。その段階で、日本は戦慄し、幕末の騒乱がおこり、明治維新がおこったのです。そして、羊もしくは〝阿Q〟である段階からひきあがって、国民国家ができ、その仕上げとして憲法が施行されたのです。ベルツ博士の場合は冷笑するだけでいいのですが、日本人としてはそれどころではなかったのです。

ということで、私の中の〝阿Q〟や、私の中のニヒリズムもまた、ここでちょっと首をひっこめざるをえません。当時は、十九世紀なのです。すでにのべたように、〝進歩はすばらしい〟という信仰が、世界の先進国や、後進国の知識層をおおっていた時代なのです。それに、十九世紀の先進国は、国家そのものが、巨大な商業体でもありました。その商業は、軍艦をもち、武装をともなっています。そして、それら先進国の国内においては、一国が、法のもとに整然と管理されていました。そういう国が〝進歩せる国家形態〟とおもわれていました。日本という羊の国が、羊だけの力で、なんとかそれに似た国をつくりあげようとしたのが、一八八九年（明治二十二）の憲法発布でした。いまからちょうど百年とすこし前になります。

明治憲法は上からの憲法だといいますが、右のような情勢をみていきますと、とてもそういう皮肉っぽい言い方ができそうにありません。下からの盛りあがりが、太政官政権を土俵ぎわまで押しつけてできあがったものというべきです。

さて、明治憲法の中身となりますと、これは日本の歴史的所産としか言いようがありません。いかに他の国にすばらしい憲法があろうとも、それはその国の歴史と伝統と文化の所産なのです。

明治憲法も、結局、そういうものでした。

憲法国家つまり立憲国家というものは、国家が、自然的状態から法人になったということです。日本の場合、元首は、天皇でした。天皇といえども、憲法によって規定された存在であるということが、法の偉大さです。法が最高にあって、そのもとに天皇がある、ということで、憲法というものは偉大なのです。

明治維新は、徳川将軍家を否定することで成立しました。下々だった諸藩の武士たちにとって、将軍を否定するためには、それ以上の権威である天皇の力を藉《か》りざるをえませんでした。さらに明治四年の廃藩置県は、太政官に拠る士族にとって、家累代の主君である大名を一夜にして否定し去らざるをえませんでした。これも、同じ事情によって、可能だったのです。明治憲法において、元首が天皇であるというのも、歴史的帰結でした。

ついで、愛国ということです。

すでにのべましたように、日本においては、愛国というのはあたらしい概念です。文明史的にいえばフランス革命の所産でもあります。

似て非なる言葉として、排外主義《ショーヴィニズム》とか、郷土主義《ナショナリズム》といった概念がありますが、愛国はこれとはまったくちがったもので、排外主義やナショナリズムはしばしば国家の身《み》の内《うち》を腐蝕させたり、国家の方向を誤らせたりします。これらに対し、愛国は国民国家において国民的連帯感のもとにうまれる高度なものです。

ところが、江戸期までの日本に存在したのは、すでにのべたように、愛国はなく、忠君という倫理だけでした。自分が仕えている大名に忠誠心をもつというもので、これは、諸藩にもあり、商家の内部にもありました。

明治は、愛国を当時の日本人になじませるために、〝忠君愛国〟という新旧倫理のセットで国民に教えようとした時代でした。明治憲法においても、国民のことを〝臣民〟ということばであらわしています。〝臣民〟は法的には国民とおなじ概念なのですが、右の思想的事情からうまれたものです。もっとも世界に誇るべき自由と人権をもった英国国民は、その憲法上の規定では、臣民《サブジェクト》です。

すでにのべたように、江戸末期の革命的思想のなかに、〝一君万民〟という平等思想がありました。天皇を戴くことによって、将軍・大名を否定し、三千万の人間が平等になるという思想でした。それが幕末にひきつがれて明治維新の爆発力の一つになり、廃藩置県をも可能にしました。〝臣民〟とはその帰結としてのことばです。

私は明治憲法を非難しようとも讃美しようとも思っていません。机上に客体としてそれを置いて見つめているだけです。

まず、明治憲法があきらかに近代憲法であることは、近代憲法にとって不可欠なものである三権（立法、行政、司法）の分立があることです。これは、みごとというべきものでした。ただ国民にとってのゆたかすぎるほどの自由はそこにあるとはいえません。しかし、〝法律の範囲内〟という制約下ながら、〝言論の自由〟〝著作の自由〟〝出版の自由〟〝集会の自由〟〝結社の自由〟はありました。言っておかねばなりませんが、これらの自由のなかで、明治の言論・文学・学問・芸術はうまれたのです。

さて明治憲法は、プロシア憲法にくらべて、大きく特徴的なことがあります。双方、君主が統治の〝大権〟をもっているということになっていながら、明治憲法ではあくまでも〝大権〟であって〝実行権〟ではないということです。

この点、プロシアを参考にしながら、その真似をしなかったのです。ドイツのカイゼル——皇帝です——は、政治においてきわめて能動的な権力をもっていましたが、明治憲法における日本の天皇は、皇帝《カイゼル》ではなかったのです。日本の伝統のとおり、立法・行政・司法においていかなるアクションもしませんでした。

明治憲法の最大の特徴は、

「輔弼《ほひつ》（たすけること）」

という、法律用語とその中身をつくったことです。内閣の首相その他各国務大臣および、立法府、司法機関の長は、それぞれかれらにおいて一切の責任が終了します。かれらが責任をとります。天皇の場所は、哲学的な空《くう》になっていまして、生身の人間として指図をしたり、法令をつくったり、人を罰したりすることは、いっさいないのです。責任は、総理大臣なら総理大臣どまりです。天皇は、行為をしないかわり、責任はない。ひたすらに、首相など各機関の長の案に承認をあたえるのみでした。

問題は、統帥権《とうすいけん》（軍隊を動かす権）です。これだけは、三権から独立して、天皇に直属します。英国では行政府の長である首相が軍隊を動かす最高の指揮をとりますが、明治憲法では、軍隊を動かす権については、首相も手をふれることができず、衆議院議長もクチバシを入れることができません。三権分立国家が国家であるとすれば、国家の中で別の国家があるのと同然です。

ちょっとこまかく申しますと、おなじ軍でも、内閣に直属しているのは、陸軍大臣と海軍大臣で、これは行政権のみで、統帥権をもちません。統帥権の府は、陸軍の参謀本部と海軍の軍令部でした。このそれぞれが、首相と無関係に、じかに天皇を輔弼（この場合は、輔翼《ほよく》といいました。意味はおなじです）したのです。ただし、天皇という神聖空間は、哲学的な空ですから、ここに大きな〝抜け穴〟がありました。もし参謀本部という統帥府が、理性をうしない、内閣に相談せずに他国を侵略したとしても、首相はなすすべがないということになります。

この統帥権の独立は、まったくプロシア憲法・ドイツ憲法どおりでした。

ただし、ドイツ憲法の場合は、カイゼルに能動性があります。ですからカイゼルがこっそり他国を攻めようと思えば、首相もそのことにあずかり知らず、国境で砲声がおこってから気づくということになります。ただ、ドイツの場合、ウィルヘルム一世とビスマルクが健在だったころは、これでも大過《たいか》がありませんでした。つぎのウィルヘルム二世という若旦那めいたカイゼルが、ビスマルクを追い、モルトケという参謀総長と相謀らっていろんなことをしはじめてから、帝政ドイツはつぶれてしまうのです。カイゼルは第一次大戦をおこしてしまったのです。帝政ドイツもまた、統帥権の独立が、国をほろぼしました。

まことに、この点、明治憲法は、あぶなさをもった憲法でした。それでも、明治時代いっぱいは、すこしも危なげなかったのは、まだ明治国家をつくったひとびとが生きていて、亀裂しそうなこの箇所を肉体と精神でふさいでいたからです。この憲法をつくった伊藤博文たちも、まさか三代目の昭和前期（一九二六年以後四五年まで）になってから、この箇所に大穴があき、ついには憲法の〝不備〟によって国がほろびるとは思いもしていなかったでしょう。（ついでながら一九二八年の張作霖の爆殺も統帥者の輔弼〈輔翼〉によっておこなわれましたが、天皇は相談をうけませんでした。一九三一年、陸軍は満洲事変をおこしましたが、これまた天皇の知らざるところでした。昭和になって、統帥の府は、亡国への伏魔殿のようになったのです）

以上、お話してきて、この話にどんな結論を申しのべるべきかに苦しんでいます。太古以来、日本は、孤島にとじこもり、一八六八年の明治維新まで、世界の諸文明と異なる（となりの中国や韓国とさえもちがった）独自の文明をもちつづけてきて、明治期、にわかに世界の仲間に入ったのです。五里霧中でした。まったく手さぐりで近代化を遂げたのです。そのくるしみの姿を、二つの世界思潮——自由民権と立憲国家——の中でとらえてみたかったのです。

おわりに

〝モンゴロイド家の人々〟など

私には、ささやかな迷信があるらしく、心のどこかで年齢の時計が狂っている。たとえば自分だけが、齢をとっていないのではあるまいか。

代議士や市会議員になるひとは、自分よりはるかにおじさんだと思いこんでいるくせに、ある日、だしぬけに、首相が自分とほぼ同年であるという悲惨な現実を知ったりする。

たいていの人が年齢序列という行列のなかにいてすこしずつ歩を進めているのだが、私の場合、ひとつには職業柄、その行列の外《そと》にいて、自分だけの焚火に乏しい薪を入れているせいでもある。

吉田直哉氏についても、そんなふうにひとりぼっちの人だと思っていた。

「それが、そろそろ卒業なんです」

といってきたので、しばらく意味がよくわからなかった。

この人も、じつは、一面、行列のなかにいたのである。ＮＨＫの専務理事待遇という、物をつくる現場の最高職にいるのだが、その行列においては、歩々《ほほ》、時が刻まれていて、そろそろ去りどきであるという。

「ということで、卒業制作をしなければならないんです」

いまさらそんなことをする必要はないでしょう、と私はあどけないほどの貌をもったこの創造的人間にいった。

ついでながら、創造は、人間の中の高度の少年の部分がやるのである。音楽、絵画、詩、むろんテレビ制作もそうだろうし、恋愛もつねにそうである。

かれの中の〝少年〟は、テレビの勃興とともにすごしてきて、そのあたらしい表現の場で思いきった主題を展開してきた。そのいちいちが卒業制作だったのではないか。

「もう、十分でしょう」

が、どうしてもやるという。それも、当初もちこんできたのは「モンゴロイド家《け》の人々」という壮大な主題で、私に協力せよ、といった。

黄色人種のことを、ふとハプスブルク家を連想させるように、ことさらに蒙古人種家《モンゴロイドけ》とよぶあたりが、吉田直哉という少年における愛と詩という酒精分の産物といっていい。

私は、鏡をみる。この顔は、はるかむかしシベリアの寒冷地で形成されたらしくて、厚いまぶたをふくめ、寒さに耐えられるようにぼってりとしている。この顔の〝一家〟は、氷河時代に南下を開始し、ある者はシナ大陸にゆき、ある者は朝鮮半島にくだり、また日本列島にきた。他方、東南アジアに行ったひとびともいれば、氷の上でエスキモー・スタイルとよばれる暮しの中にいる人達もいる。また南北アメリカ大陸にもいる。

アメリカ大陸にわたったひとびとは、よほど勇敢だったらしく、シベリアから、おそらく氷河時代、陸つづきであったろうベーリング海峡をわたってその大陸にゆき、こんにち合衆国におけるアメリカ・インディアンとか、ラテン・アメリカにおけるインディオとよばれるひとびとになっている。

かれらの多くは自然に大きく依存しつつ部族社会をつくるにとどまったが、南米大陸では国家レベルの社会をつくった人達もいた。かれらが、アステカ文明やマヤ文明、インカ文明をつくったことは、印象的である。

しかし、それらはスペイン人などによって潰滅させられ、継続性をうしない、ラテン系の国々のなかで、いまは漂うようにくらしている。南米をしばしば訪れた吉田直哉氏は、この〝モンゴロイド家〟の一派について、自分のことのようにつらく感じた。

まことにモンゴロイド家のひとびとは、ヨーロッパからきた人達による苦労が多かったようである。とくに十五、六世紀以後、世界をおおったヨーロッパの文明と力によって、南米の〝モンゴロイド家〟の一派たちは、独立性をうしない、人として零落した。

吉田直哉氏は、とくにインディオのくるしみに心を寄せ、またかれらの旧文明におどろくとともに、ラテン社会のなかでのかれらの現況のみじめさに憤りをおぼえた。

氷河時代にシベリアでできあがった吉田氏の顔は、そのころ、ベーリング海峡で別れたとはいえ、南米へ行ったひとびとの子孫たちから親しまれ、いわばインディオとしての礼遇をうけた。そういう南米の都市や草むらの中で吉田氏は、「モンゴロイド家の人々」という場所から世界を見ようという構想をもったらしい。

といって、吉田氏のことだから、他人種（たとえば白色人種《コーカソイド》）に攻撃的になっているわけではない。ゆめ、そういう精神のひとではない。

＊

いわでものことながら、人種論ほど滑稽で有害で低俗なものはなく、なんの科学的根拠ももっていない。たとえば、十九世紀末、ドイツ皇帝ウィルヘルム二世が黄禍論をとなえ、わざわざ画家に「黄禍の図」を書かせてロシア皇帝に送り、いわば警鈴《アラーム》を鳴らした。

その反発として当時の中国や日本に白禍論がおこったりした。またドイツにあってはヒトラーが白人種《アーリアン》万歳の思想の上に立ってユダヤ人を迫害する一方、カイゼルの黄禍論を継承した。こういう人種論は俚耳《りじ》に入りやすいだけに、これほど有害無益なものはなかった。

人種もそうだが、民族というのも、人間にとってときに荷厄介《にやっかい》なものである。民族とは文化と歴史を共有する意識とその集団をさすものの、それを過度に、あるいは神秘的に感ずることによって、かえって他者への憎悪をかきたて、自民族をも傷つけてきた。

「人間というのは、いつも他者を誤解したくてうずうずしているのです。せっかくの真意が誤解されるでしょう」

と、私はいった。

＊

すこし、遊びとして考えてみたい。「モンゴロイド家」は、その〝家風〟を考えるに、この黄色いひとびとは存在感がどこか草のように儚《はかな》くさびしく、また自己主張がすくない。さらには、一個の人間としても、脂ぎった独立性にとぼしく、その言動は、論理的であるよりも多分に情緒的である。……以上はあくまでも遊びとして考えた私の概念である。

が、この概念は、じつに足腰が弱く、他からみれば、まったく違っても見える。たとえば、「モンゴロイド家の人々」は情緒によって草がなびくようにうごき、かつ集団的に猛威を発揮し、しばしば自他を害する上でためらいがすくなく、つねに正義の所在があいまいである、という概念になってしまうかもしれないのである。

いずれも、まちがいであることはいうまでもなく、そのまちがいのもとは人種や民族への固執感情にある。むろん、人種論という〝迷信〟は、実在する。どころか、いまなお政治の場で実効的にうごいていることもたしかだが、かといって、その場所につい踏みこみがちな主題をかかげるのは、あまりいい感じではない、と私はいった。

くりかえすようだが、吉田氏の本意は、そうではない。さらには、その本意に、私などは心から共感してもいる。

といったふうに話しあっているうちに、私はミイラ取りがミイラになった。

私が——はじめは〝少年〟の誘いにのる気はまったくなかったのに——私が〝卒業制作〟に参加できるとすれば、せいぜい「明治国家の成立」ということだ——と口走ってしまうはめになった。

モンゴロイド家の一派が、〝明治国家〟というふしぎなものを成立させたという話である。〝少年〟が最初に考えた主題からいえば、まことに小さい。しかし、小さいからかえって濃密にやれるのではないか、と私はひとことずつ後悔しつつ、ついに〝少年〟がつくっているアリ地獄に落ちた。

江戸期の日本はべつの体系の文明だったが、まったくそれとはちがった体系の〝明治国家〟を成立させたということは、知的な意味での世界史的な事件ではないか。その当時の日本人という三千万のモンゴロイドの苦痛やら何やらについて語ることは、世界の市民たちにとって多少刺激的な話題になるだろうといった。

言いながら、うんざりした。なにしろ、私は小説を書く以外に、なんの能力もなく、それ以外の分野にまぎれこむことは、自分に対して有害で、なんの意味もない。三十余年間、そんなふうにしてすごしてきたのである。いまさら、テレビという人前に出るなどは、自分の節制のゆるみ——老化である——としかおもえないが、しかし〝少年〟には抗しがたかった。

何度ことわられても、〝少年〟は、いつもいきいきした目で私の家の戸をたたくのである。そのつど、かれは私の中で乏しくなりつつある〝少年〟の部分をゆさぶっては、近所の原っぱにつれてゆき、この本の内容のようなことを、すこしずつ語りあい、ついに遂げさせてしまった。

＊

大いそぎで、最後にもっとも大切なことをのべておかねばならないが、この主題は、明治時代というむかしばなしではない。明治国家という、人類文明のなかでにわかにできた国の物語として語ったつもりである。さらにいえば、いまの日本国がその系譜上の末裔に属するかもしれないが、あるいは、そうでもなく、人類の一遺産であるかのようにも思っている。

たとえば、十九世紀のアメリカ東部に展開したプロテスタンティズムという精神の社会が、いまのアメリカ合衆国とじかにつながっていると見るよりも、歴史の中で独立し、ときには連鎖せずに孤立しているとみるほうがより親しみぶかく感じられるように、明治国家も、ある時期の世界史にそういう国があったと見るほうがわかりやすい。

さらには、そのほうが――つまり明治国家がいまの日本人の私物《しぶつ》ではないと考えるほうが――私の気分をくっきりさせる。明治国家を人類とくにモンゴロイド家の遺産として世界という財団のミュージアムに寄付をしたいという気分の中からこれらの各章を語ったつもりなのである。

＊

以下のことは、あとがきというより、解題のつけたしである。

この本の内容は、テレビ放映にあたっては、『太郎の国の物語』という題だった。題は、題名をつける名人といわれる吉田直哉氏がつけ、私にはちょっと照れくさかったが、しかし、英国を〝ジョンの国〟と考えてもいいし、ロシアは〝イワンの国〟、中国の場合は――ちょっと語感がちがうが――〝張三李四《チャンサンリースー》の国〟かもしれず、そういう意味で、日本でもっともふつうの名とされる〝太郎〟をえらび、ことさらに国名をつけなかったあたりに、吉田直哉氏の気分がよくあらわれていて、好もしくおもった。

ただし、本の場合は、『「明治」という国家』という質樸な題にした。そのつもりで語ってきたのである。

一九八九年八月八日

司馬遼太郎

あらたなる「あとがき」

書物としての『「明治」という国家』は、最初はおもおもしい装いだったが、次いで軽装になった。

今度は、レインコートのポケットに突っこんでおけるほど、無造作なかたちにかわった。短い期間に三度も衣更《ころもが》えし、そのたびに普段着になってゆくというのは、著者として名誉なことである。

先日、吉田直哉氏と久しぶりに会った。場所は、私が東京でただ一軒だけ知っているという酒場で、赤坂の乃木坂にある。

地名がなんとなく明治ふうであり、双方健康でもあって、すべてが良夜だった。この本の最初の装いの時期からすれば時間がたち、吉田氏の場合、日中の居場所がかわった。この人は乞われるままに武蔵野美術大学にいる。

むろん絵や彫刻を教えているわけではなく、相変わらず人間の考えという、質量も時間もない無形のものを映像にしたいと考えている。高度に哲学的な課題であるせいか、じつにわかわかしかった。

私は、この本の造りが変わったわりには、変りばえがしない。

司馬遼太郎

本書は、一九九四年一月に小社から刊行されたＮＨＫブックス『「明治」という国家』（上・下）を一巻本としたものです。

司馬遼太郎（しば・りょうたろう）
1923年大阪に生まれる。大阪外国語学校蒙古語科卒業。産経新聞大阪本社文化部に在職中、59年『梟の城』により第42回直木賞受賞。芸術院会員。91年に文化功労者、93年に文化勲章を受章。1996年2月没。
主な歴史小説に『竜馬がゆく』『国盗り物語』『翔ぶが如く』『坂の上の雲』などがある。また、独自の史観に基づく文化論・文明論として『日本人と日本文化』『この国のかたち』『「昭和」という国家』など。その他、紀行随想に『街道をゆく』『アメリカ素描』などがある。

NHK *BOOKS* 1249

「明治」という国家［新装版］

2018年 1 月25日　第1刷発行
2022年 2 月15日　第5刷発行

著　者　**司馬遼太郎**

発行者　**土井成紀**
発行所　**NHK出版**
東京都渋谷区宇田川町41-1　郵便番号150-8081
電話 0570-009-321（問い合わせ）　0570-000-321（注文）
ホームページ　https://www.nhk-book.co.jp
振替　00110-1-49701
装幀者　**水戸部 功**
印　刷　**三秀舎・近代美術**
製　本　**三森製本所**

Printed in Japan　ISBN978-4-14-091249-2 C1321

NHK BOOKS

＊歴史（Ⅰ）

出雲の古代史　門脇禎二
法隆寺を支えた木［改版］　西岡常一／小原二郎
「明治」という国家［新装版］　司馬遼太郎
「昭和」という国家　司馬遼太郎
日本文明と近代西洋―「鎖国」再考―　川勝平太
百人一首の歴史学　関　幸彦
戦場の精神史―武士道という幻影―　佐伯真一
知られざる日本―山村の語る歴史世界―　白水　智
古文書はいかに歴史を描くのか―フィールドワークがつなぐ過去と未来―　白水　智
関ヶ原前夜―西軍大名たちの戦い―　光成準治
江戸に学ぶ日本のかたち　山本博文
天孫降臨の夢―藤原不比等のプロジェクト―　大山誠一
親鸞再考―僧にあらず、俗にあらず―　松尾剛次
女たちの明治維新　鈴木由紀子
山県有朋と明治国家　井上寿一
明治〈美人〉論―メディアは女性をどう変えたか―　佐伯順子
『平家物語』の再誕―創られた国民叙事詩―　大津雄一
歴史をみる眼　堀米庸三
天皇のページェント―近代日本の歴史民族誌から―　T・フジタニ
禹王と日本人―「治水神」がつなぐ東アジア―　王　敏
江戸日本の転換点―水田の激増は何をもたらしたか―　武井弘一
外務官僚たちの太平洋戦争　佐藤元英
天智朝と東アジア―唐の支配から律令国家へ―　中村修也
英語と日本軍―知られざる外国語教育史―　江利川春雄
象徴天皇制の成立―昭和天皇と宮中の「葛藤」―　茶谷誠一
維新史再考―公議・王政から集権・脱身分化へ―　三谷　博
壱人両名―江戸日本の知られざる二重身分―　尾脇秀和
戦争をいかに語り継ぐか―「映像」と「証言」から考える戦後史―　水島久光

※在庫品切れの際はご容赦下さい。